Éxodo de mexicanos a The Woodlands

Por Perla Soto

Derechos Reservados: © Perla Soto 2016
perlasotogarcia@gmail.com
Publicado por **Ibukku** 2016
www.ibukku.com
Maquetación: **Índigo estudio gráfico**
ISBN Paperback: 978-1-944278-86-1
ISBN ebook: 978-1-944278-87-8
Library of Congress Control Number: 2016950627

Contenido

Dedicatoria y agradecimientos

Este libro se lo dedico en su totalidad a mi esposo David, quien siempre me ha impulsado a salir de mi zona de confort, me ha acompañado durante todos estos años en mis locuras y en los cambios que hemos tenido que vivir en familia. Este libro no existiría de no ser por su apoyo, y le agradezco toda su paciencia y sabiduría en estos catorce años de matrimonio.

Agradezco a mis dos maestros de vida: mis hijos Diego y Paola, por ser el motor para querer ser una mejor persona y seguir aprendiendo en este camino de la vida.

Agradezco a mis padres la vida y todo el tiempo que dedicaron a formarme y a enseñarme los valores que ahora quiero transmitir a mis hijos.

A mi tío Oscar, por demostrar que cualquier sueño se puede cumplir cuando le entregas tu corazón y tu alma.

A mis hermanas Jessica y Corina, que son ejemplo de madres, amigas y extraordinarias ejecutivas exitosas.

A mis amigas terapeutas ThetaHealers: gracias a Adriana, Brenda, Valeria, Tanya, Alejandra, María Teresa, Mariela, Soledad, Paty y a todas aquellas mujeres que me han acompañado en todos los cursos que he organizado. Sin ustedes no habría evolucionado de la misma manera.

Quiero agradecer la participación del Oficial Abraham Valle, quien amablemente siempre ha tenido el tiempo para contestar todas las preguntas que tenemos como comunidad y siempre accede a asistir a todas las reuniones para concientizar a todos los hispanos sobre las reglas estadounidenses cuando llegan a vivir a The Woodlands.

Quiero darle las gracias al abogado Michael P. Jensen por su asesoría legal y por informarnos sobre la gran importancia de establecer un testamento en Estados Unidos y aclarar todas las dudas sobre el tema que describo en este libro.

Gracias a todos los amigos y amigas de The Woodlands, que al convivir con mi familia nos han llenado de experiencias inolvidables.

Y sobre todo gracias a The Woodlands: este hermoso lugar que me inspiró a escribir las experiencias que hemos vivido desde 2010.

Prólogo

Adaptarse a una nueva ciudad, o más aún a un nuevo país, es un proceso que probablemente nunca termina del todo. Los niños crecen, las familias cambian y la sociedad se transforma con ella, por lo que integrarse, más que una meta, debe ser una constante en la actitud de observar, aprender y participar en todas las áreas de la vida en el país donde se vive: familiar, social, escolar, laboral.

Este libro es para los que se mudan o se quieren mudar desde otro país o los que simplemente quieren saber cómo se vive en los Estados Unidos y que muchas veces, aunque lo hayan visitado, no saben cómo va a ser cuando lleguen. El cambio de la Ciudad de México a The Woodlands en Estados Unidos es drástico: es positivo en los aspectos de seguridad, orden, legalidad, aplicación de la justicia y naturaleza; y, por otro lado, presenta retos en el cambio del idioma, de la cultura, de las reglas, de la escuela.

Por ejemplo, el entendimiento del sistema educativo es un proceso de continuo conocimiento de todas las opciones que existen y, sobre todo a partir de que termina la primaria, ya que los alumnos se van preparando para la universidad desde muy temprana edad. El voluntariado es parte intrínseca de la cultura estadounidense y va de la mano con casi todos los eventos que organizan en los diferentes ámbitos; las ganas de ayudar sin esperar nada a cambio es uno de los valores estadounidenses que deberíamos imitar en América Latina, tanto como la practica del deporte, llegando a lo obsesivo, que es también un elemento muy fuerte de la identidad de los estadounidenses y de su vida social. El sistema médico es una pesadilla al llegar a Estados Unidos porque es impersonal, lucrativo, burocrático y, creo, no tiene como meta proveer a la gente de un bienestar. Estos son algunos de los puntos para tratar de ubicar y guiar a las familias, especialmente a las mamás, que buscan en esta comunidad una vida diferente a la de México.

"Éxodo de mexicanos a The Woodlands" tiene como propósito también ayudar a entender varios conceptos del sistema estadounidense así como compartir algunas experiencias que hemos vivido y que nos han ayudado a comprender a detalle el por qué de muchas de las reglas, normas, formas y costumbres de The Woodlands y cómo participar de ellas.

1. "La burbuja" de Woodlands

Situación en México en el siglo XXI. La escalada de la violencia

El 11 de diciembre de 2006 el Presidente Felipe Calderón lanzó la guerra contra el narcotráfico y anunció un operativo contra el crimen organizado en el estado de Michoacán. La respuesta de las organizaciones criminales fue intensamente violenta, lo que ocasionó más de 60,000 muertes entre miembros del ejército, delincuencia organizada, policías, civiles y periodistas durante los seis años del sexenio, dejando un mal sabor de boca entre las personas que han vivido de cerca estos episodios.

La fragmentación del PAN (Partido Acción Nacional) después del mandato de Felipe Calderón, el poco apoyo que recibió la candidata Josefina Vázquez Mota y la "traición" donde Vicente Fox apoyó al candidato del PRI con tal de que no ganara Andrés Manuel López Obrador (AMLO), resultó en la pérdida de la Presidencia para el PAN. La gente no estuvo contenta con los dos sexenios a pesar de la estabilidad económica.

Para el siguiente sexenio se realizaron las elecciones para Presidente en las que resultó ganador el Presidente Enrique Peña Nieto. Había mucha escepticismo con el regreso del PRI, con la penosa aparición del candidato en la Feria del Libro de Guadalajara sin poder contestar qué libros había leído cuando lo único que se le ocurrió fue la Biblia. El escritor Carlos Fuentes aseguró que Enrique Pena Nieto no tenía derecho a ser Presidente a partir de la ignorancia y tenía razón.

Tampoco supo el precio del kilo de tortilla, argumentando que era parte de las obligaciones de "la señora de la casa".

Fue un voto de miedo contra Andrés Manuel López Obrador, no a favor del PRI. Pero como Josefina Vázquez Mota no tenía futuro, Enrique Peña Nieto quedó como única opción.

El exjefe de Gobierno de la Ciudad de México se ha caracterizado por su discurso egocentrista: si no es elegido como él como Presidente, el país no tiene salvación. Insiste en que él es la salvación contra la corrupción, siendo que él mismo viene del PRI (Partido Revolucionario Institucional) y sus colaboradores fueron evidenciados con "las manos en la masa", con el "Señor de las ligas" y el episodio de Las Vegas del Secretario de Finanzas. Uno de los miedos a que se convierta en Presidente se debe a la asociación de AMLO con el fallecido expresidente de Venezuela, Hugo Chávez. En cierto estrato socioeconómico se percibe como un populista que puede destruir al país.

Cuando inició el sexenio de 2012, la portada de la revista Time ponía a Peña como el salvador, pero la luna de miel le duró muy poco. La desaparición de los 43 estudiantes en Ayotzinapa dejó marcado a su gobierno por la lentitud en atender un problema que repercutió en los medios informativos internacionales. El escándalo de la Casa Blanca fue un recordatorio para México de que el PRI está muy lejos de haber cambiado positivamente; todo lo contrario: viene corregido y aumentado para esperar lo peor. Los doce años que estuvieron sin acceso a fondos federales los hizo regresar con un hambre voraz de recuperar lo que no pudieron llevarse durante los dos sexenios que gobernó el PAN. Fue poca o nula la sensibilidad de la Primera Dama Angélica Rivera por involucrarse en temas importantes para la gente, ser empática con causas vulnerables para la sociedad, con una única excepción en la visita del Papa Francisco al Hospital

Pediátrico Federico Gómez, durante el cual lo llevó por todo el recorrido.

Únicamente le atraen los eventos en los que pueda lucir su belleza y glamour como los viajes que realizó a Londres, a varios países europeos y a los Emiratos Árabes, que la han convertido en una de las personas más criticadas y odiadas, junto con sus hijas, durante este sexenio.

La maniobra del Gobierno Federal de sacar del aire a Carmen Aristegui y a su equipo en una venganza que no se había visto en mucho tiempo; al puro estilo de la serie de televisión *House of Cards*. Los escándalos de las grabaciones con el grupo español OHL, el plantar una pistola dentro del automóvil del abogado de Infraiber, Paulo Díez Gargari – que gracias a las cámaras de video y a los teléfonos celulares ya es imposible que no salga la verdad de los escándalos al aire—… El gobierno de Peña Nieto ha silenciado la libertad de expresión con los periodistas que no se han vendido a él.

Veracruz es el mejor ejemplo de impunidad: muchos periodistas asesinados sin que haya ningún culpable, y si encarcelan a alguien existe la duda siempre de que haya sido inculpado para proteger al verdadero criminal. Es realmente increíble que la "Banda de los Porkys" no haya sido consignada desde el principio teniendo las pruebas suficientes de la violación a Daphne para meterlos a la cárcel. En cualquier país con cierto estado de derecho ya hubieran sido consignados y el fiscal ya estaría sin empleo.

Todos estos eventos confirman que el sistema no ha cambiado: el PRI, si es que ha cambiado, ha sido para ser peor de lo que era antes, han creado un resentimiento enorme en la población hacia el Gobierno Federal pero también hacia el Legislativo por no haber investigado imparcialmente los actos de corrupción y conflicto de intereses permitiendo que situaciones como la Casa Blanca del Presidente Peña fuera investigada por un amigo y cercano colaborador. Sobre todo por verlos sentados, cómo se enriquecen sin mover un sólo dedo para mejorar al país.

Los partidos políticos han jugado un papel importante en el cansancio y hartazgo de la población mexicana. Se han coludido y han negociado en lo oscurito, con su "Pacto por México", las Reformas –que algunas, si es que dan frutos, será a muy largo plazo y otras, como la fiscal, son completamente impopulares y están destruyendo a la clase media—. En especial el Partido Verde Ecologista ha incurrido en falta tras falta sin ninguna consecuencia drástica. El INE, antes IFE, le ha impuesto multa tras multa, que ojalá la pagaran de sus bolsillos, pero lo irónico es que se pagan con el mismo dinero que el INE le otorga, y cuyo origen viene de los impuestos de los mexicanos: ¡ridículo!

El cansancio de la gente tuvo un buen reflejo en la elección de Jaime Rodríguez Calderón "el Bronco", cuya candidatura "independiente" está en duda, por haber pertenecido al PRI en el estado de Nuevo León. Si no logra cumplir sus promesas de campaña, en específico la de meter a la cárcel al anterior gobernador, Rodrigo Medina, va crear un aumento en el resentimiento hacia toda la clase política, incluyendo a los independientes.

Se está presentando un terreno en donde, si existe un ciudadano honesto que no tenga ningún tipo de relación con los partidos o con la clase política mexicana, un real candidato independiente, puede tener grandes posibilidades de llevarse la Presidencia. Si así sucede, ojalá que tenga el valor de realizar cuanto cambio pueda: de meter a la cárcel a cuanto político corrupto deba y que no le dé miedo, como a Vicente Fox, que tuvo la oportunidad de cambiar muchas cosas del país con el total y absoluto apoyo popular y desafortunadamente la dejo ir.

Una manera de que los ciudadanos se involucren es crear una agenda estandarizada con cambios concretos, enfocándose en los siguientes compromisos:

- Quitar el fuero

- Reducir los plurinominales

- Que los legisladores no se pueden auto-poner ni incrementar el sueldo

- Absoluta transparencia en sus declaraciones patrimoniales con ayuda del SAT

- Monitorear las cuentas bancarias nacionales y extrajeras de los representantes

- Exigir y presionar a diputados y senadores que se cumplan cabalmente estas reformas

¿Cómo hacerlo?

Reuniones de vecinos, eligiendo a representantes para ir a presionar en las oficinas o en el Congreso a cada asambleísta, diputado, senador, es decir: "echarles montón", "hacer grilla" con representantes letrados, presionar por medio de las redes sociales, grabar todas las reuniones con los compromisos acordados. No dejar que gobiernen como si no existiera la población, exigirles constantemente que cumplan los compromisos adquiridos con los votantes. Finalmente, los políticos están en esos puestos porque son de elección popular; sus jefes son los votantes.

La violencia, las violaciones a los derechos humanos, la corrupción junto con la impunidad, hacen que los mexicanos que tienen la posibilidad de reubicarse en un lugar paradisiaco como The Woodlands lo hagan sin dudar. A los que ya se han podido establecer en Estados Unidos les cuesta mucho el pensar en regresar a nuestro país, aunque siempre existe la añoranza de que algún día mejore. Estamos muy lejos de ver una luz al final del túnel; México continúa en completa oscuridad en el ámbito político.

The Woodlands, la colonia más segura de México

The Woodlands, para quien no ha tenido la fortuna de conocerlo, fue ideado por George P. Mitchell, quien en 1974 tuvo la visión de establecer en 28,000 acres, aproximadamente 11,331 hectáreas, este suburbio al cual nombró The Woodlands, y cuya versión original era una ciudad dentro del bosque.

Según America Unraveled "The Best Master-Planned City In America Resides Here In Texas", la mejor comunidad planeada se encuentra en Texas. The Woodlands: "An Oasis Of Planned Beauty With A Range Of World-Class Facilities", un oasis de belleza planeada con infraestructura de clase mundial.

The Woodlands se encuentra a media hora sin tráfico del aeropuerto de la ciudad de Houston y a 45-60 minutos de la ciudad.

A pesar de estar tan cerca de Houston, no tiene nada en común la ciudad con el suburbio. Houston es una ciudad gris con algunas áreas bonitas como River Oaks y algunas otras zonas. Un lugar muy popular en Houston es La Galleria, que en mi opinión no tiene ninguna belleza arquitectónica que ofrecer.

Generalmente se llega por la Interestatal 45 y se sube un puente de un solo carril para descender y encontrarse con los árboles en la calle Woodlands Parkway.

Lo que primero que se puede visitar es el Woodlands Mall, y frente a él se encuentra el muy concurrido Market Street, con su cine, hotel, restaurantes y tiendas. Otro sitio es el Woodlands Waterway, en donde, además del cine Cinemark, se encuentra el hotel y centro de convenciones Marriot junto al río y el lago creado artificialmente.

Es en estos céntricos lugares donde se reúne la mayoría de los woodlanguenses los fines de semana, pues existe una gran variedad de restaurantes –y cada vez van abriendo más— en el corredor comensal de Hugues Landing. En el *mall* se encuentran todas las tiendas populares como Victoria, Gap, Banana, Macy's, Nordstrom y Dillard's. A este lugar ya se le notan las arrugas, además de que le faltan las tiendas de lujo como Ralph Lauren, Gucci, Louis Vuitton, etc; para este tipo de mercancía sí hay que darse una vuelta a la Galleria de Houston.

Uno de mis restaurantes favoritos es el Unisushi de Market Street; como su nombre lo indica, es de sushi, pero no solamente hay comida japonesa. Tiene comida fusión internacional. Las piezas de salmón se derriten en la boca y su sashimi con jalapeño y queso parmesano es un deleite. Otro restaurante es el Crú, que tiene unas costillitas de cordero, unos *fondues* deliciosos, un queso de cabra envuelto con miel, entre muchos otros platillos.

En Waterway se encuentra una zona de esparcimiento con una cascada artificial, amenizada con música en la noche, con luces frente a unas fuentes que se utilizan para refrescarse y juguetear durante el verano. Además, en el río que está a un costado puedes subirte sin costo al barquito que te da un paseo.

Además de los restaurantes veteranos como el Brio, Sakekawa, Nick's Fish Dive and Oyster Bar, Pizzas Grimaldi, Hubbel and Hudson y Mortons, están recién inaugurados en 2016 el Fogo de Chao. Y ahora ya hay un lugar de música en vivo que se llama Local Pour, Del Friscos.

Uno de los mejores secretos guardados se encuentra en una plaza de Sterling Ridge en un lugar acogedor llamado Cellar 24, con vino, quesos y tapas, amenizando los fines de semana con música en vivo.

Para hospedarse están los hoteles recientemente construidos como el Hilton, Embassy Suites y The Westin, y hay una variedad de hoteles alrededor para todos los presupuestos.

Uno de los atractivos de The Woodlands son los más de 130 Parques que tiene, los múltiples lagos y caminos de más de 205 millas para correr, caminos o andar en bicicleta, 14 parques acuáticos, combinado con los corporativos de varias empresas y los distritos escolares de excelente nivel.

Uno de los acontecimientos que puso a The Woodlands en el mapa de los corporativos de energía fue que ExxonMobil decidió trasladar su corporativo al sur de este suburbio. En 2013, el corporativo de Exxon Mobil dio el aviso del traslado de más de 10,000 empleados.

Los corporativos y empresas más representativas que contribuyen al empleo en The Woodlands son:

Anadarko

Baker Hughes

Hewitt

Huntsman

Chevron Phillips

Maersk Line

Memorial Hermann

Lone Star College System

Woodforest National Bank

St. Luke's Hospital

Muchos años antes, The Woodlands era el suburbio de donde salían a trabajar los empleados hacia Houston. Ahora ha cambiado un poco: el tráfico es de Houston hacia The Woodlands y es considerable en la mañana para todas las personas que llegan a trabajar a los corporativos en The Woodlands y sus alrededores.

La comunidad de Woodlands se encuentra dividida en nueve subdivisiones o *villages*, las cuales tienen sus propias plazas comerciales. [Para información detallada sobre estas subdivisiones ver Capítulo 2 Bienes Inmuebles - *Real Estate.*

La decisión de vivir en una o en otra de las subdivisiones generalmente depende totalmente del distrito escolar al que se desee pertenecer y a veces del deseo de tener una casa más nueva o vieja.

Cada comunidad tiene su propio supermercado, entre los que se encuentran HEB, Randalls y Kroger. Además, cuentan con establecimientos para las actividades de la tarde como clases de baile o karate, y también tienen consultorios dentales, quiroprácticos, médicos, tintorerías y restaurantes.

A The Woodlands se le considera una burbuja porque dentro de sus límites es lo más parecido a una película donde las familias viven felices sin ningún tipo de inseguridad. Es lo más parecido a vivir en Disneylandia, donde casi nada pasa en medio del bosque mágico. Aquí no hay baches, no hay policías corruptos, no hay tráfico, la gente sale a correr o andar en bicicleta sin ninguna preocupación.

Hubo un tiempo en que ciertas personas se empezaron a dar cuenta de que la gente no cerraba con llave sus coches y los amantes de lo ajeno empezaron a llevarse lo que habían dejado los dueños con tranquilidad como celulares o iPads, pero se corrió la voz de lo que estaba pasando y se implementó una búsqueda policiaca hasta que atraparon a los delincuentes. Nos hemos enterado de uno o dos robos a casa habitación desde 2010 y del tan sonado intento de robo a Tiffany, la joyería en Market Street. Son muy pocos casos, cuando sucede alguno es un escándalo mayúsculo porque la mayoría del tiempo no pasa ningún contratiempo de inseguridad.

Hospitales

Existen dos hospitales establecidos: el Memorial Hermann y St. Luke's. Y se están construyendo dos más: el Texas Children's y el Methodist.

El sistema médico es muy complicado y poco eficiente, es uno de los contras más importantes para tomar la decisión de venir a vivir a Estados Unidos. No importa en qué estado; el problema es nacional. En otro capítulo profundizaré sobre la Medicina en Estados Unidos.

Clima y paisaje de Woodlands

El clima de Houston y de Woodlands puede tener las cuatro estaciones en un mismo día: calor, lluvia y frío en cuestión de horas. Continuamente se tiene que revisar las aplicaciones del clima en los teléfonos celulares. Lo que es una constante es la humedad que mantiene esponjado el pelo de las que no lo tienen lacio. Durante el verano se dan las temperaturas más altas, llegando a los 40 grados centígrados. Puede ser extremista sobre todo en época de calor. Y durante el invierno las temperaturas no son tan bajas. Si llega a cero grados centígrados y se pone hieloso, los distritos escolares suspenden clases; yo creo que exageran, ya que las temperaturas en Nueva York son mucho más bajas y ahí no suspenden las clases.

La primera vez que cualquier mexicano viene a The Woodlands se sorprende de la cantidad de árboles que ve. The Woodlands está diseñado para que los comercios estén escondidos entre la gran variedad de árboles y follaje. Está tan tupido en algunos lugares que pareciera que no se avanza y que se está en el mismo lugar todo el tiempo. Gracias al GPS y a las aplicaciones de localización de los celulares, la gente no se pierde; pero de no existir, los conductores que son recién llegados al bosque estarían perdidos y confundidos.

Durante la primavera se dan varios tipos de flores entre las que destacan los *blue bonnets* que son flores típicas de la región. Cuando existen campos llenos de estas flores, los fines de semana se pondrán las familias a tomar fotos a los pequeños. Es un paisaje muy bonito y típico de la época.

Hoteles

En el Marriot, que está en el Waterway a unos pasos del cine, restaurantes del waterway y del *mall*, se llevan a cabo grandes conferencias.

El Hotel Hyatt Centric se encuentra en el corazón de Market Street, entre los restaurantes y diversas tiendas, también muy cerca del *mall*.

El Woodlands Resort se encuentra un poco más lejos del *mall* y de Market Street, tiene una excelente variedad de comida y es un lugar muy divertido para los niños en el verano. Recién inauguraron el *Lazy River*: un río donde te puedes aventar en las llantas y pasear conforme avanza lentamente el agua. Tiene un campo de golf al lado y también es un lugar grande para llevar a cabo conferencias para cualquier número de participantes.

Dentro y alrededor de Woodlands existen hoteles más prácticos y económicos como la Quinta Inn, Drury Inn y Hampton Inn, entre otros.

Campos de golf

Los campos de Golf en the Woodlands tienen reconocimiento a nivel mundial ya que han sido diseñados por expertos como Gary Player, Arnold Palmer o Robert Von Hagge. Han sido premiados y considerados como "Championship Courses": campos de golf de campeonato. Las mensualidades varían dependiendo del campo. En The Woodlands Country Club la mensualidad es aproximadamente de $400.00 dólares con una membresía de $30,000.00 dólares.

En Creekside, The Club at Carlton Woods Creekside (Fazio Course) fue nombrado en 2005 por Golf Digest como "Best New Private Course in Texas" y "Number 3 New Private Courses in the US".

Algunos de los principales campos de golf dentro de The Woodlands son:

Fazio Course at The Club At Carlton Woods

Nicklaus Course at The Club at Carlton Woods

Oaks Course at Canongate at The Woodlands

Palmer at Woodlands Country Club

Panther Trail Course at Canongate at The Woodlands

Player Course at Woodlands Country Club

Tournament Course at Woodlands Country Club

Fuera de los límites de The Woodlands existen muchos campos de golf públicos y privados con diferentes precios, como:

Augusta Pines

El campo de golf Augusta Pines se localiza dónde termina Creekside, afuera de The Woodlands. Es un campo de golf público y su tarifa es de $70.00 dólares por una ronda de 18 hoyos.

Club de golf BlueJack National

El club de golf del que muchos estadounidenses con gran poder adquisitivo están hablando es del recién inaugurado BlueJack National. Se encuentra localizado fuera de The Woodlands, a unos 40 minutos. Es por excelencia el lugar donde los *big shots* están cerrando negocios y haciendo relaciones de primer nivel. Está considerado como uno de los campos más hermosos y de gran lujo en Texas y desde su apertura en 2015 es común ver al expresidente George W.

Bush jugar en el campo. Es el lugar de moda para los hombres de negocios.

El Club de Golf fue diseñado por Tiger Woods, tiene 18 hoyos junto con otros 9 hoyos para practicar juego corto e iluminado de noche. Cuenta con una casa club con un área de niños llamada The Fort, y adicionalmente va a tener varias albercas, canchas de tenis, *zipline* (tirolesa), restaurantes, *skateboard park*, boliche, cine y sala de juntas. También va a tener un lago para pescar con profesionales. Es el lugar de moda al que todos quieren asistir y pertenecer.

¿Quiénes vienen a vivir a The Woodlands?

Son varias las razones por las cuales la gente viene a vivir a The Woodlands, pero una razón de peso y que generó un éxodo de mexicanos desde 2008 es la inseguridad.

Un gran porcentaje viene porque la inseguridad los alcanzó o estaba a punto de hacerlo. Existen muchos casos de secuestro, extorsión, robo o amenazas que terminaron siendo situación insostenible, incluso de vida o muerte, y que hicieron decidir a las familias trasladarse a esta famosa burbuja, y poco a poco varias familias de la República Mexicana dejaron colonias y campos de golf vacíos ante la incompetencia de las autoridades para enfrentar a la delincuencia organizada. La mayoría que huyó de la inseguridad viene de lugares como Tampico, Monterrey, Veracruz, Villahermosa, Guadalajara, Ciudad de México y el Bajío; es una distribución del este y centro de la República Mexicana, ya que los estados del oeste tienden a irse hacia California, sobre todo a San Diego, donde los precios de bienes raíces son altísimos, a diferencia de los precios en Texas.

También están los empleados por empresas de energía que contratan ingenieros o gente especializada en el tema del gas y petróleo, siendo la mayoría de los hispanos de México y Venezuela.

Algunos mexicanos vienen para vivir la experiencia de otro país en todo el sentido y quieren que sus hijos aprendan el idioma a la perfección.

Las familias que quieren vivir en Estados Unidos tienen que tener claro que el estatus migratorio es muy importante para su estancia. A algunas familias se les ha hecho fácil venir con la visa de turista, creyendo que entrando y saliendo cada seis meses es suficiente para evadir a Migración, pero los agentes de migración ya lo saben. Tristemente, quien termina dando la información de que viven ahí son los niños, por medio de preguntas como "¿En qué grado vas? ¿Cuál es el nombre de tu escuela? ¿A qué escuela vas?" Dando como resultado una deportación, quitándoles la visa de turista y no pudiendo entrar a los Estados Unidos por diez años. En el capítulo __ Estatus Migratorio están los diferentes tipos de visas a los que pueden acceder aquellos que quieran venir a vivir a Estados Unidos.

Estos mexicanos no llegaron cruzando el Río Bravo en busca de oportunidades. Llegaron con dinero para comprar sus casas, coches y muebles en efectivo; la mayoría sin necesidad de pedir una hipoteca pero con las tasas tan bajas que algunos decidieron tomarla porque era una decisión financiera "barata".

También es una cuestión económica sobre el inmejorable precio de las propiedades, tema en el que se ahonda en el capítulo __ Real Estate.

Según Kaylee Schnur en su irónico artículo de *Odyssey on line*, a The Woodlands se le conoce como "la burbuja". Schnur escribe varias razones por las cuáles se distingue un muchacho estadounidense de The Woodlands:

1. Nunca tienen que cortar el pasto, porque la gran mayoría tiene jardineros a su disposición y sería mucho trabajo para los que están estudiando, con las actividades extra escolares y la vida social.

2. El dinero petrolero de papi no es fantasía, es una realidad; el 90% de los estadounidenses que viven en The Woodlands trabajan en la industria del petróleo y gas natural.

3. Están tan acostumbrados a ver ferraris, maseratis y lamborghinis que el ver pasar uno no causa ninguna sorpresa.

4. Los estudiantes de primaria tienen iPhones. Si no lo tuvieran ¿cómo se podrían quejar de la maestra?

5. Cuando la gente les pregunta "¿de dónde eres?" la respuesta es "Houston" y que no indaguen más, porque en el momento en que dices "Woodlands", ya no van a saber qué decir.

6. Cuando se entra a la preparatoria abundan las camisas y playeras Polo, los zapatos Sperry y la marca Lilly Pulitzer.

7. Es supernormal tener dos o más casas: la casa de lago para el fin de semana o la casa en Cabo para *spring break*.

8. El estadio de fútbol americano es más grande que algunos estadios de universidades de Estados Unidos.

9. El servicio de limpieza viene cada semana, ya que es demasiado trabajo tallar el escusado y arreglar la ropa.

10. Las clases AP (*Advanced Placement*) de la Preparatoria son mucho más difíciles que las que tomarán en la Universidad.

11. Las únicas opciones de reventón son en el *mall* o en Market Street.

12. La mayoría de las salidas románticas serán en el *mall* o en Market Street, ¡si se salen de este perímetro entonces sí agárrate que va en serio!

13. David Letterman aseguró en cadena nacional que la preparatoria más elitista de todo el país está en The Woodlands.

14. Cuando es normal rentar limos, casas de playas y hasta helicópteros para las fiestas.

15. El estacionamiento de la preparatoria parece un lote de BMWs: un buen regalito de 16 años.

16. Cuando es posible manejar 10 minutos para ver un concierto de nivel mundial.

17. Cuando se pide permiso para pintar tu casa, cambiar la fachada o plantar árboles. En los suburbios las casas se deben ver homogéneas si no quieres que los vecinos se quejen.

18. La mayoría de la población es republicana ultraconservadora

Situación Demográfica

Los residentes en The Woodlands pueden pertenecer a estos dos condados dependiendo de su ubicación:

- Condado de Montgomery

- Condado de Harris

A finales de 2015 el US Census Bureau comunicó que el Condado de Montgomery ocupó el séptimo lugar en los condados de mayor crecimiento a nivel nacional.

Crecimiento de la población

Un crecimiento natural de la población se da cuando el número de nacimientos es mayor al número de muertes en los habitantes de cierta localidad. La economía y el empleo no se ven tan afectados hasta que crecen para tener la edad mínima de ir a la escuela o de emplearse en la fuerza laboral. Los inmigrantes son individuos de cualquier edad que llegan a cierta localidad de cualquier lugar del mundo. La oficina demográfica de Texas afirma que los efectos de los inmigrantes en la población son mucho más rápidos y notorios que los efectos de un crecimiento natural.

La migración doméstica ha tenido un gran impacto ya que Texas tiene el primer lugar de mudanzas interestatales en la Unión Americana entre 2005 y 2013. Se le puede atribuir a varios factores, pero los principales son las ofertas de trabajo, los impuestos y el bajo costo de los bienes inmuebles en una economía texana creciente.

The Woodlands es una comunidad planeada localizada 27 millas al norte del Centro de Houston con un área de 28,000 acres.

Según el informe de The Woodlands Development Company, la población total al primero de enero de 2015 era de 109,679 personas, de las cuales 80,175 son adultos y 29,504 son niños. Se espera que para 2019 sea de más de 120,000 personas.

La población tiene una gran movilidad por los corporativos como Exxon, Repsol, Anadarko y otras corporaciones que se dedican al petróleo y energía. El 41.3% de la población no es local y viene de algún otro lugar.

El tipo de población es completamente familiar ya que el 41.6% de las casas tiene niños entre los cero y 17 años de edad. Es un suburbio tranquilo y catalogado entre los mejores 10 destinos para vivir en los Estados Unidos.

Además, a pesar de que son alrededor de 15,000 hispanos, termina siendo un pueblito en el cual se terminan conociendo la mayoría de los habitantes que hablan español.

Nivel socioeconómico

El ingreso promedio por familia es de $114,609 dólares anuales donde el 23% de la población genera más de $200,000 dólares al año.

El monto promedio de compra de casas nuevas ha variado hacia la alza pues mientras que en el año 2000 fue de $195.880, en 2005 fue $252,055; en 2010 fue de $360,158; y en 2014 fue de $565,000.

El acceso al crédito que tienen los estadounidenses es diferente a los países latinoamericanos, por lo que la apariencia de riqueza no es igual a la de América Latina.

El uso que le dan al crédito para poder acceder a bienes inmuebles y muebles, creando su patrimonio, es diferente al ahorro de dinero que se tiene en otros países. En México se han vivido varias devaluaciones, tasas de interés flotantes que en época de crisis hicieron a varios perder o estar a punto de perder propiedades. Se le tiene mucho respeto al endeudamiento y por lo general los mexicanos prefieren no hacerlo.

El *credit score* o calificación crediticia en Estados Unidos es importantísimo para cualquier préstamo: básicamente es una compilación de la utilización del crédito, los pagos pendientes, las deudas morosas y todo lo que se deba.

Una buena calificación crediticia es de 700 puntos o más, llegando al tope de 850. Para lograrlo se requiere de tarjetas de crédito, préstamos para carros o hipotecas para casas. Cuando llegan los extranjeros con mucha liquidez, esto no es sinónimo de una buena calificación o un buen *score*. Se tiene que tener un historial crediticio con préstamos o créditos contratados para poder entrar al sistema.

Población latina

Según la página del Census Viewer la población latina o hispana en 2010 era de 11,497 personas aproximadamente; el 12.25% de la población total de The Woodlands. La población se ha ido incrementando año con año y se espera que los latinos lleguen a ser un 30% de la población total que vive en el suburbio.

Las escuelas tienen un considerable porcentaje de hispanos. El Distrito Escolar de Conroe ISD tiene un 22% de estudiantes hispanos en las escuelas de The Woodlands. Sin embargo, en todo el distrito escolar de Conroe, con escuelas fuera de The Woodlands, el porcentaje es del 34.2%. En todo el estado de Texas, el porcentaje asciende a 51.8% de estudiantes hispanos.

La influencia hispana se ve representada en las iglesias que han añadido servicios en español. Las tiendas de alimentos han empezado a ofrecer cada vez más productos latinos. En un grupo piloto de HEB solicitaron la presencia de 8 adultos latinos para ver las necesidades de la comunidad latina en la nueva tienda que inauguraron en la subdivisión de Creekside Park.

Los hospitales de Woodlands han realizado grupos piloto con latinos para ver las necesidades y expectativas de esta creciente comunidad.

La facilidad de volar de la Ciudad de México en un vuelo menor a las dos horas y la cercanía del aeropuerto George Bush a The Woodlands en un tiempo de 30 minutos sin tráfico hace que muchas familias decidan echar raíces. Se han incrementado las aerolíneas que vuelan a Houston incluyendo United Airlines, American Airlines, Aeroméxico, Interjet, Delta, Volaris, y Avianca.

Según Bridget Balch, los mexicanos que vienen a comprar una propiedad en The Woodlands lo hacen exclusivamente por el estatus socioeconómico, son personas con un alto ingreso y generalmente ya tienen una casa de verano en la playa. Se establecen por la cantidad de árboles, las escuelas, los lugares para comprar y sobre todo por la seguridad que ofrece. Las familias que visitan por primera vez quedan enamorados y quieren que su familia tenga la calidad de vida de The Woodlands.

Impuestos en Texas

Una de las causas por las que el Estado de Texas es popular es por la manera en que han constituido los impuestos. Texas es uno de los siete Estados donde los residentes no pagan impuestos sobre la renta estatal, únicamente el impuesto federal. Los impuestos a la Propiedad o *Property tax* son altos, sin embargo con estos impuestos se financian las escuelas públicas por medio del Distrito Escolar que corresponda al Bien Inmueble. En The Woodlands el impuesto a la propiedad varía de 2.4% a 2.9%.

2. *Real Estate* (Bienes Inmuebles)

Houston: capital mundial de energía

El *boom* petrolero de Houston inició a principios de 1900 cuando el pozo petrolero Spindletop, cerca de la ciudad de Beaumont, Texas, tuvo una producción diaria de 100,000 barriles de petróleo; siendo el pozo más grande que el mundo había visto en esa época.

En 1906 más de 30 compañías petroleras se habían establecido en Houston después de haberse descubierto petróleo al norte y este del condado de Harris.

En 1914 abre oficialmente el Houston Ship Channel, que es parte del Puerto de Houston y que es el conducto por el cual se comunican los barcos de Houston que se dirigen al Golfo de México. El área metropolitana se convirtió en un imán para las refinerías, y, en 1918, Sinclair Oil Company se convirtió en la primera refinería construida en el canal.

Durante la década de 1920 a 1930 las refinerías se multiplicaron y aprovecharon la transportación de bajo costo mediante el canal hacia el océano.

La perforación marítima se inicia durante 1940 en la Costa de Luisiana.

Para 1960 los más grandes de la industria petrolera ya se habían mudado a la ciudad de Houston, convirtiéndola en el centro mundial petrolero. Corporaciones como Mobil Oil, Texaco, Gulf Oil, Sunray Mid-Continent Oil y Humble Oil ubicaron sus operaciones en la ciudad. En 1970, Shell Oil se muda a Houston junto con otras empresas que trasladaron sus subsidiarias, oficinas y representaciones.

El embargo petrolero durante 1973 hizo que los precios del petróleo aumentaran considerablemente y las compañías empezaron a realizar perforaciones más profundas. En 1987 Shell innova con la Tecnología sísmica 3D y, a partir de 1987 hasta el día de hoy, más del 80% de la producción petrolera en el Golfo proviene de aguas profundas.

Además del petróleo, el gas natural se ha convertido en un producto de interés gracias a las nuevas técnicas de perforación.

Houston está innovando en otros tipos de energía renovable, es un importante productor de energía solar, energía eólica y biodiesel. Texas ocupa el primer lugar nacional en la producción de Biodiesel comercial.

También la capital de la energía mundial está participando en la transformación de los residuos en energía. El proveedor más grande de Norteamérica de biometano es la empresa Element Markets. El biometano es el resultado de la purificación del biogás generado a partir de la fermentación anaerobia (sin oxígeno) de residuos orgánicos. El biogás está formado por CO_2 y por metano, de tal manera que cuando ese CO_2 es eliminado se consigue el biometano, un gas similar al gas natural pero que es diferente en su origen: mientras que el biometano procede de materias orgánicas fermentadas en vertederos, depuradoras, digestores anaerobios de residuos de las basuras orgánicas, o residuos de la agricultura y ganadería, el gas natural se obtiene mediante el uso de fuentes fósiles.

Asimismo, los gases de los tiraderos de basura son un recurso orgánico que puede aprovecharse para producir energía verde. La empresa Waste Management en lugar de quemar el gas, lo utiliza para crear energía verde.

Situación de Estados Unidos en 2008

En 2008 se estaba pasando por una de las crisis más fuertes en Estados Unidos. Los bancos estuvieron prestando dinero a una gran cantidad de gente que no podía pagar, el mercado inmobiliario subió por las nubes, sobre todo en algunas ciudades como Los Ángeles, Miami o Nueva York y terminó por desplomarse. Texas regularmente no tiene una plusvalía explosiva, pero ha mantenido un crecimiento sostenido a través de los años, aún en tiempos de crisis.

David y yo escuchamos de algunas personas de este lugar y por curiosidad venimos en 2008. Quedamos enamorados del bosque. Apenas se estaba construyendo la subdivisión de Creekside Park, yo iba con el dedo del pie roto y aún con todo y muletas visitamos varias casas muestra, decidimos apartar una casa de 2,500 pies cuadrados (180 m²). Estábamos muy emocionados por la casa de verano que habíamos adquirido.

En 2008 se registró una devaluación del peso de casi 30%, por lo que decidimos cancelar la compra de la casa y regresar en 2009 para ver cómo estaba el mercado. Debido a la crisis, una casa más grande que la que habíamos apartado estaba más barata que la que habíamos cancelado, con un jardín enorme. David siempre ha dicho que "las crisis son oportunidades de negocio para algunos", así que aprovechamos esta baja e iniciamos el trámite para conseguir la *Green Card* y venirnos a vivir para el siguiente ciclo escolar en el año 2010.

Nosotros ya habíamos tenido dos experiencias de delincuencia en la ciudad de México, lo cual se juntó con las ganas de vivir la experiencia en Estados Unidos con nuestros hijos, e iniciamos la aventura de iniciar una vida en la hermosa burbuja de The Woodlands.

Las casas son similares; cuando una persona llega por primera vez le parece que todas se ven iguales. No son idénticas pero The Woodlands trata de homogeneizar las casas para que exista una armonía arquitectónica. Las *costume homes,* construidas a la medida, son muy diferentes a las casas en general y el precio aumenta entre más detalles se le cambien al plano estructural. También están las propiedades de lujo que se encuentran en Carlton Woods o algún campo de golf, junto al Lago de East Shore o en algún punto del lago North Shore y son diferentes unas de las otras. Una de las cosas que distingue a la generalidad arquitectónica es la teja, la cual le da vida, distinción y un toque mediterráneo a las casas que la tienen.

Subdivisiones de The Woodlands

Las subdivisiones de Woodlands son las siguientes:

Panther Creek

Grogans Mill

Alden Bridge

Cochran's Crossing

Indian Springs

College Park

Sterling Ridge

Carlton Woods Sterling

Carlton Woods Creekside

Creekside

Creekside es la comunidad más nueva del suburbio, se inició en 2007 y tiene varias divisiones. Dentro de Creekside se encuentra el Club de golf Carlton Woods, Tupelo Neighborhoods, Paloma Cove, Paloma Grove, Paloma Point, Bacopa Bay, Victoriana Glen, Spincaster, Liberty Branch, Jagged Ridge, Wilde Creek, Arrow Canyon, entre otras.

Cada división mantiene una arquitectura, tamaño y precios similares.

Las familias que vienen a comprar deben decidir entre los tres distritos escolares (Conroe, Tomball y Magnolia). Los mexicanos que quieren comprar en Woodlands prefieren las casas nuevas y más contemporáneas, por lo que la opción es Creekside. Si tienen hijos adolescentes, prefieren el Distrito escolar de Conroe por la excelente reputación de la Junior High (McCollough) y The Woodlands High School. Sterling Ridge pertenece al distrito escolar de Conroe, donde existen algunas casas modernas.

Durante los años 2009, 2010, 2011, 2012, 2013, 2014 y 2015 el valor de casas arriba de $200,000.00 dólares tuvo las siguientes variaciones en precio por pie cuadrado.

Año	Monto total	Precio por pie cuadrado	Incremento porcentual
Situación 2009	$232,533.00	$ 96.81	
Situación 2010	$252,696.00	$ 98.29	1.53%

Situación 2011	$251,782.00	$ 98.31	0.002%
Situación 2012	$237,794.00	$ 98.51	0.02%
Situación 2013	$249,750.00	$109.78	11.44%
Situación 2014	$264,324.00	$121.70	10.86%
Situación 2015	$281,252.00	$125.78	3.35%

Los clientes que han venido de Nueva York a invertir a Texas se sorprenden cuando comparan los precios de los bienes inmuebles. Sin dudarlo compraban casas para invertir y luego rentarlas. Entre 2012 y 2013 las casas se rentaban entre ocho días y tres meses desde que salían al mercado.

Plusvalía

La plusvalía es el aumento del valor de un objeto o cosa por motivos extrínsecos a ellos.

Si el bien inmueble se obtuvo con crédito se obtiene una ganancia mucho mayor porque únicamente se invirtió el depósito inicial. Lo que hace atractivo para invertir en Texas es que además de la plusvalía se recibe una renta mensual con rendimientos que varían del 5% al 9% dependiendo de cada inmueble.

Cada inversionista ha tenido diferentes ganancias dependiendo del momento en que entró al ciclo económico. Lo que se tiene que estar evaluando es en qué parte del ciclo se invierte. Es durante las partes bajas de cada ciclo que se da el momento ideal para invertir.

Si el inversionista compró en efectivo pero su generación de ingresos es en pesos, habrá tenido además una plusvalía en el tipo de cambio. También se tiene que tener en cuenta para la venta de alguna casa en qué momento del ciclo económico se está realizando.

Las tasas fijas promedio para hipotecas han sido las siguientes:

2011	4.28%
2012	3.66%
2013	3.98%
2014	4.17%
2015	3.85%
2016	3.71% (hasta abril de 2016)

Profesión de *Realtor* en Estados Unidos vs. Agente de Bienes Raíces en México

David tiene mucho conocimiento sobre los bienes raíces en México; es algo que le gusta y disfruta mucho. Cuando llegamos a vivir a The Woodlands, cada vez que teníamos una visita los llevaba a visitar las casas muestra recién construidas, les explicaba los pros y los contras entre las diferentes categorías.

Continuamente le pedía que se metiera a estudiar para *realtor* pero no se le antojaba mucho la idea porque tenemos el estereotipo de que en México no es una profesión, es un trabajito sin ningún tipo de reconocimiento y algunas señoras que no tienen nada que hacer, con hijos mayores o divorciadas, lo utilizan para generar dinero sin ningún tipo de preparación o conocimiento. Generalmente no saben contestar cuánto se paga de predial, luz o agua, y solamente saben el precio de la propiedad, la comisión que se van a ganar y a veces ni siquiera conocen bien la casa o departamento. El ser *realtor* en México no está profesionalizado ni regulado como en Estados Unidos. Aquí no es un negocio de "nacos".

En Estados Unidos es una profesión bien remunerada si se tiene éxito, y la persona que la ejerce no es vista hacia abajo. Aparte del conocimiento de bienes raíces que tenía David sobre bienes inmuebles en México, también tiene un gran conocimiento financiero pues estuvo en el medio financiero mexicano durante 11 años en Citibank, Credit Suisse, Banamex y, en Nueva York, en Wall Street con Citigroup. Tiene el complemento perfecto de asesoría para dar servicio a los mexicanos que vienen a comprar.

El pago está estandarizado: el que vende la casa paga 3% al vendedor y 3% al comprador. En las casas nuevas la constructora paga al agente este porcentaje y a los vendedores que están en las casas muestra de fijo mostrándolas a los agentes que traen al cliente y al público en general es otro porcentaje, depende de la constructora. Cuando una constructora no ha alcanzado el nivel de ventas deseado puede incrementar el porcentaje para los agentes u ofrecer un bono para promover sus productos, sobre todo las casas que ya tienen en inventario y que les empiezan a generar costos de mantenimiento.

Finalmente David accedió cuando se dio cuenta de que "vendió" un par de casas asesorando a varias familias y la comisión se la llevó otra persona que no estuvo en el proceso de ver las casas muestra. Sumó lo que hubiera ganado y la siguiente semana David ya estaba en la Escuela para Agentes de Bienes Raíces iniciando el curso.

Cada estado tiene sus propias reglas, por lo que si se vive en Nueva York no es el mismo curso que en Texas.

El curso puede ser virtual o presencial, consta de 180 horas y finaliza con un examen. Sin lugar a dudas lo más importante y lo que le da más valor a un agente es la experiencia en campo.

Son cuatro las materias: Principios de Bienes Raíces 1, Principios de Bienes Raíces 2, Finanzas 1, Marco Legal, Leyes de Agencia y Legislatura de Contratos, Formas Estándar de Contratos. (www.championsschool.com)

El curso para la Licenciatura de Ventas de Bienes Raíces tiene un costo aproximado de $945.00 dólares y se gradúan al terminar el curso con un examen aprobatorio.

Después de obtener la certificación se deben de inscribir a un *"broker"* o agencia, y es indispensable que formen parte del *broker* para poder trabajar. Cada bróker ofrece diferentes porcentajes para cada operación cerrada, es decir, el *realtor* no se queda con toda la comisión; le tiene que dar a la agencia el porcentaje que hayan acordado: las hay del 50%, 70-30% o cualquier otra negociación.

Incluso algunas agencias cobran por pertenecer a ellas, es una de las cosas que no podíamos entender, ¡¿estaban pagando por trabajar?! La explicación que dan es la capacitación y asesoría que ofrecen. Los *realtors* o agentes de Bienes Raíces podrán cambiar de agencia cada vez que lo deseen; el contrato que se firma es de prestación de servicios, un contratista independiente que no está sujeto a un término de días o años. Cuando llevan 4 años de experiencia, actualizándose con los cursos y otros requisitos que necesitan cumplir con la Asociación de Agentes de Bienes Raíces, podrán iniciar su propia Agencia.

Para una carrera exitosa son fundamentales las relaciones públicas que los agentes de bienes raíces tengan o puedan tener además de las recomendaciones,

Premios The Woodlands: David como *realtor*

The Woodlands Development Company entrega premios cada año por el número de casas nuevas vendidas. Tienen varios niveles y categorías dependiendo de la cantidad de casas que se hayan vendido.

David inició su carrera en *real estate* en 2011. Para poder ejercer se inscribió a una agencia y el primer grupo con el que entró a trabajar fue un grupo estadounidense muy exitoso llamado "The Kink Team" en The Woodlands, posteriormente trabajó en otras agencias, entre ellas Carnan Properties y Coldwell Banker. En 2012 fue acreedor al premio "Platinum" por la venta de 4 o más casas. Para 2013, que fue su segundo año, se hizo acreedor al "Premio Gold", junto con el "Premio Exceptional Performance". Y en 2014, que fue su tercer año, ganó el "Premio Platinum" junto con el premio al "*Realtor* del Año". Vivimos en ese momento el "sueño americano" con un orgullo de que fuera un hispano el premiado.

Cada fiesta de premiación es temática y se ha realizado en los salones de The Woodlands Resort.

La fiesta de 2012 fue realizada bajo el tema de Cirque du Soleil: te citan a las 7:30 PM; el director de The Woodlands Development Company empieza la ceremonia con una bendición de alimentos. La persona encargada de organizar estas fiestas es Jeanne Toth.

La ceremonia es continua y muy rápida; los banquetes del Hotel se caracterizan por una comida deliciosa.

La Ceremonia de 2013 fue realizada con el tema del grupo Queen, haciéndole tributo a sus canciones con un grupo tocando la música en vivo.

La fiesta del 2014 se realizó bajo un escenario de *Back to the Future* donde contrataron al coche plateado cuyas puertas se abren hacia arriba poniendo un ambiente de los 80s y terminando con música de esa época para disfrutar.

Al final de la fiesta tienen música para bailar. Desafortunadamente, los únicos que se quedan y bailan son los latinos ya que los estadounidenses en cuanto terminan de cenar hacen la graciosa huida.

Lo sorprendente de estas ceremonias es ver que durante esta década los que han sobresalido en las ventas son los hispanos: la mayoría de los premios se los han llevado latinos dejando muy atrás a los anglosajones.

Tipos de clientes

Clientes que quieren comprar por encima de sus posibilidades: *wannabees*

Son aquéllos que hacen citas para casas de presupuestos arriba de sus posibilidades. Invierten días y días no solamente en ir a ver las casas sino también también en ir con los diseñadores de las casas en las que se les puede hacer algún cambio, no un cambio del plano, sino simples ampliaciones o posibilidad de agregar un cuarto. Los mexicanos generalmente piensan en el cuarto de servicio, que aquí es inexistente.

Les piden a los representantes de las casas muestra que modernicen ciertas áreas de la propiedad. Algunos ya tienen alguna en Woodlands y según ellos quieren mejorarla; el problema es cuando hacen trabajar, no solamente al *realtor* en turno sino a todo el equipo de las casas muestra e incluso a los bancos para que al final, ya con planos rediseñados, confirmando que es la casa de sus sueños, ni siquiera sean capaces de enfrentar la situación económica. Cuando se dan cuenta de que no pueden con el paquete no contestan las llamadas, no le dicen al *realtor* que no les alcanzó, simplemente hacen un silencio absoluto como si el episodio nunca hubiera existido. Es incómodo para todas las partes y si se encuentra a ese posible cliente en el bosque pareciera que nunca existió el compromiso y jamás sucedió el evento. Es la informalidad y cobardía de algunos clientes mexicanos.

Clientes que ven su casa como la mejor de The Woodlands: malinchistas

Aquéllos que se les da la información, servicio y tendencia del mercado pero en su cerebro siempre será mejor un estadounidense que un hispano para la venta de su casa.

El mercado tuvo una tendencia hacia el alza en los años 2011, 2012 y 2013 pero en 2014 se empezó a desacelerar por la baja del precio del petróleo.

Los clientes hispanos siempre van a creer que su casa es la mejor, la más hermosa, que no tiene comparación porque su parte emocional no los deja soltarla. Sobre todo siempre van a creer que vale más de lo que el mercado les diga. Incluso que las cosas intangibles se tienen que añadir al precio como un plus. Por ejemplo, el hecho de que los vecinos sean decentes. Con el pequeño gran detalle de que los vecinos, a diferencia de México, tienen una gran movilidad: este año están en The Woodlands; el que sigue, posiblemente no; por lo que es ridículo querer incorporar en el precio cosas intangibles como el cariño que se le invirtió en la casa.

Fijar el precio de una casa involucra revisar recientes transacciones de venta en la zona aledaña, precio por pie cuadrado, tendencia, análisis del mercado, etc.

Se realiza una sugerencia del rango y dependiendo de la urgencia de vender se situarán en la parte alta o baja del rango.

Cuando los clientes malinchistas se sitúan en la parte alta se deja en el mercado un tiempo para ver cuántos *"showings"* o visitas tiene la casa y la retroalimentación que dan los posibles compradores.

Si se ve una tendencia del mercado hacia la baja y pocas visitas a la casa, se podrá sugerir una reducción al precio.

Los clientes malinchistas preferirán irse con un *realtor* estadounidense para sostener su creencia de que saben más, con la sorpresa de que tendrán que reducir el precio como originalmente el agente de bienes raíces hispano les sugirió, si es que la quieren vender.

El mercado y las tendencias no mienten. Si va a la baja se tiene que ajustar el precio.

Clientes indecisos

Dependiendo del tipo de casa nueva que se compre podrá haber opciones en el *"Design Center"* o Centro de diseño de interiores. El color de la alfombra, tipo de piso, tipo de madera, color de la piedra, etc.

Entre más alto sea el precio, más opciones se podrán elegir: será una casa *"Custom"*. Entre más bajo sea el precio de la propiedad y sea de una constructora que fabrica únicamente ciertos modelos casi en serie, menos opciones de diseño se tendrán.

Existen los clientes que aun después de haber elegido las opciones correspondientes tienen miles de dudas de lo que eligieron, son personas generalmente inseguras de la toma de todas sus decisiones.

Al siguiente día o a los pocos días de haber elegido le hablan al agente de bienes raíces diciéndole por ejemplo: "Creo que le hubiera quedado mejor un piso de madera que alfombra, ¿podrás cambiarlo?" Están acostumbrados a que les resuelvan sus pequeñas indecisiones, pero Estados Unidos no es México y aunque está el dicho de que el cliente tiene la razón, una vez que se firmó el documento ya depende totalmente de la flexibilidad de la persona en el Centro de diseño de interiores para realizar algún cambio.

Clientes "conchudos"

Cuando se liquida la venta de una casa termina el trabajo del agente de bienes raíces. En casas nuevas todas las garantías están disponibles por lo menos un año en los desperfectos o vicios ocultos que pudieran ocurrir. En las casas usadas no existen garantías a excepción de las que se acuerden entre el comprador y vendedor.

El problema con los mexicanos es que actúan como si siguieran en el país, pidiendo favores. En Estados Unidos el tiempo es dinero y así te lo cobran todos los prestadores de servicios empezando por la limpieza, los doctores, dentistas y todo aquel que te atienda y te otorgue tiempo.

Algunos clientes quieren que los *realtors* les reciban la mudanza o algún mueble de Restoration Hardware o Pottery Barn.

Los estadounidenses cobran por hora o por servicio y los *realtors* de origen hispano siempre se ven en la disyuntiva de cómo actuar en estos casos; si haciendo el favor o cobrando, al estilo estadounidense.

Cuando se compra una casa por mexicanos se tiene la posibilidad de disfrutarla durante las vacaciones o rentarla, llegando a tener un rendimiento en dólares de entre el 5% y el 9% después de haber pagado el predial, seguros y demás gastos que se generen.

El miedo más grande de alguien que renta la casa es que no le paguen, y además en México el costo de evicción que puede durar años con un riesgo a perder la propiedad. En Texas el proceso es corto y la ley está del lado del propietario de la casa cuando no se paga la renta.

Rentas de bienes inmuebles

Seguridad jurídica en Texas vs. seguridad jurídica en México

Proceso de evicción

El proceso de los *evictions* en términos generales se desarrolla de la siguiente manera:

- Se le da al inquilino tres días para que se vaya: *"Three day Notice to Vacate"*,

- Se mete la solicitud de *"Eviction"* en un *"Justice of the Peace"*, que será correspondiente de acuerdo al lugar de la propiedad.

- Se tiene una audiencia en 25 a 30 días, aproximadamente.

- Se obtiene un *"Judgment"* por el valor adeudado y por la posesión de la propiedad.

- Si no hay apelación después de 5 días de obtenido el *"Judgment"*, se toma posesión de la propiedad.

Estos son los pasos que hay que seguir y el 95% de los casos se resuelven en esta instancia o antes de la audiencia.

"In any Eviction Case in Justice Court, an authorized agent requesting or obtaining a judgment need not be an attorney. See Section 24.011, Texas Property Code", no se necesita ser abogado.

Hay un proceso de apelación que el inquilino puede meter en el County Court. Éste es un proceso más específico y que lleva más tiempo, pero la ventaja es que el inquilino tiene que pagar las rentas adeudadas durante el proceso para poder perfeccionar la apelación. (Éste es un segundo juicio y casi nunca se llega a esta instancia.)

Es completamente diferente y seguro rentar las propiedades en el Estado de Texas.

Testamento y herencia de bienes muebles e inmuebles en Texas

Los inversionistas en bienes inmuebles siempre buscarán el mejor rendimiento y si éste además te cubre las devaluaciones de la moneda del país de origen (ejemplo: peso mexicano) se estará en el mejor de los mundos.

Cuando se adquieren bienes en Estados Unidos por ignorancia se asume que se heredarán los bienes en su totalidad a los herederos designados, al igual que en el país de origen. Sin embargo, las leyes de Estados Unidos son completamente diferentes en muchas maneras a las leyes de los países latinos.

El estatus de residencia es fundamental para saber en qué categoría se tienen las herencias, por lo que obtuve la asesoría del abogado Michael P. Jensen, J.D. en cuestión de testamentos y herencias.

¿Qué es un residente para efectos de herencia?

Es la intención del individuo de residir o no en el país. Lleva a la respuesta si se es o no residente para efectos de heredar los bienes independientemente del estatus migratorio legal que se tenga en ese momento.

Definición de "Residencia"

Existen tres definiciones de "Residencia":

1. Propósitos migratorios

La definición de "Residencia" para propósitos migratorios es sencilla: si uno tiene un *Green Card*, entonces es un residente.

2. Propósitos fiscales (*income tax*)

La residencia para propósitos fiscales se define en dos maneras:

    a. Si una tiene un Green Card o

    b. Si pasa más de 183 días en el país (usando una fórmula especial del IRS para encontrar un promedio de los últimos tres años)

3. Propósitos del Impuesto de Herencia

La residencia para el Impuesto de Herencia se define muy diferente: no es una definición concreta, sino que es una definición subjetiva. Se define en términos de la intención de la persona que haya fallecido:

Si la persona vive en Estados Unidos y tiene la intención de vivir aquí, entonces esa persona es un residente de Estados Unidos, sin importar su estatus migratorio o fiscal. Siendo así, puede ser una sorpresa, especialmente para los que no conozcan la definición.

Por ejemplo, si alguien tiene una casa en Texas, pasa todo el año viviendo ahí, trabaja ahí, la familia está ahí, probablemente se es residente para propósitos del impuesto de herencia.

Si alguien vive en México, trabaja en México, su familia está en México y sólo tiene una casa de vacaciones aquí, probablemente no es residente.

Si alguien vive la mitad del tiempo en México, trabaja tanto en Estados Unidos como en México y su familia hace lo mismo, entonces es posible que sea o no sea residente.

Todo tiene que ver con la intención, es una situación completamente subjetiva.

Si se es ciudadano o residente estadounidense se tiene derecho a heredar hasta por un monto un poco mayor a cinco millones de dólares sin pagar impuestos. Si para efectos de herencia es considerado residente se contarán todas las propiedades, bienes inmuebles y muebles que el individuo tenga en todo el mundo.

El que es extranjero o no residente va a tener una exención de $60,000.00 dólares; únicamente cuentan para la herencia los bienes inmuebles y muebles que estén en Estados Unidos. Los herederos son los beneficiados y perjudicados ya que los impuestos son altísimos, llegando a tener que pagar una tasa de hasta el 40%.

La tasa varía y es progresiva dependiendo del monto que se va a heredar. En la siguiente tabla viene el monto del impuesto a pagar y esta tabla es solamente para los que no son ciudadanos ni residentes de Estados Unidos.

Tabla

Bienes en los EE.UU.	Impuesto de Herencia	Tasa*
< $ 60,000	$ - .	- %
$ 70,000	**$ 2,600**	26%
$ 80,000	$ 5,200	28%
$ 100,000	**$ 10,800**	30%

$ 120,000	**$ 16,800**	30%
$ 140,000	$ 22,800	30%
$ 160,000	**$ 29,000**	32%
$ 180,000	$ 35,400	32%
$ 200,000	**$ 41,800**	32%
$ 250,000	**$ 57,800**	34%
$ 300,000	$ 74,800	34%
$ 350,000	$ 91,800	34%
$ 400,000	**$ 108,800**	34%
$ 500,000	**$ 142,800**	37%
$ 600,000	**$ 179,800**	37%
$ 750,000	**$ 235,300**	39%
$ 1,000,000	**$ 332,800**	40%
$ 1,250,000	**$ 432,800**	40%
$ 1,500,000	**$ 532,800**	40%
$ 1,750,000	**$ 632,800**	40%
$ 2,000,000	**$ 732,800**	40%
$ 2,500,000	**$ 932,800**	40%

$ 3,000,000	**$ 1,132,800**	40%
$ 4,000,000	**$ 1,532,800**	40%
$ 5,000,000	**$ 1,932,800**	40%
$ 10,000,000	**$ 3,932,800**	40%
$ 15,000,000	**$ 5,932,800**	40%
$ 25,000,000	**$ 9,932,800**	40%
$ 50,000,000	**$19,932,800**	40%
$100,000,000	**$39,932,800**	40%

Bienes en Estados Unidos

Se calcula sumando el valor de casi todos los bienes que se encuentran dentro de Estados Unidos al momento de morir, sean de casas, bienes raíces, autos, arte, joyería, acciones de una compañía estadounidense, etc. Las únicas excepciones son depósitos en su cuenta corriente en un banco estadounidense y seguro de vida (no son considerados parte de su herencia en Estados Unidos).

Después de sumar el valor de todos los bienes, en Estados Unidos, de la persona fallecida, el Impuesto de Herencia se calcula multiplicando la tasa* por el total de los bienes. Si no es un ciudadano ni residente estadounidense, entonces se graba un impuesto cuando tiene más de $60,000.00 y, como se puede ver en la tabla, el impuesto puede ser gravoso.

(Tasa* es una tasa progresiva; el cálculo no es una simple multiplicación en base a las reglas del IRS.)

Se puede crear un Fideicomiso para postergar el pago de impuestos.

Fideicomiso o Trust como herramienta de protección patrimonial

El *trust* o fideicomiso es un contrato o acuerdo por el que se transfiere a un Fiduciario una serie de bienes o derechos para que los administre en beneficio de alguien.

La creación del Fideicomiso suele ser por la decisión expresa del propietario de los bienes escrito en un documento por el que cede y por el que recibe los bienes o una disposición testamentaria que se activa al fallecer la persona que la suscribe.

El fideicomiso puede ser revocable o irrevocable. Revocable significa que el fideicomitente puede cancelar o cambiar los términos del fideicomiso en cualquier momento. Generalmente, los fideicomisos revocables son para administrar bienes en caso de muerte y sirven como un sustituto para un testamento. Irrevocable significa que es imposible cambiar los términos (salvo que un *"trust protector"* puede cambiar algunas provisiones en caso de cambios en las leyes aplicables). Generalmente, los fideicomisos irrevocables existen para minimizar el impuesto de herencia. Los fideicomisos revocables no sirven para minimizar impuestos.

Las partes de un fideicomiso o trust

El *"trustor"*, *"settlor"* o *"fideicomitente"*, propietario de los bienes en un principio.

El *"trustee"* o fiduciario es aquel que recibe los bienes para administrarlos. Para un fideicomiso irrevocable puede ser un profesional que vive de ello o una persona de confianza sin intereses financieros en el *trust*. Para un fideicomiso revocable, puede ser un tercero o puede ser la misma persona que creó el fideicomiso (o sea, el fideicomitente es también el fiduciario).

Los beneficiarios del fideicomiso son aquellos en favor de los cuales se ha constituido el fideicomiso (por ejemplo, la familia del fideicomitente).

Es posible nombrar un protector del fideicomiso que pueda cambiar los términos de un fideicomiso irrevocable en caso de un cambio en las leyes aplicables.

Seguro de vida para compensar el pago de impuestos

Existe la estrategia del seguro de vida, que consiste en adquirir un seguro de vida o un *"Term Life Insurance"* por el monto a pagar de los impuestos; así se "netea" la obligación de impuestos con Estados Unidos y se puede disfrutar de la herencia sin tener que desembolsar dinero para los impuestos a excepción de la prima para el seguro que se efectuó al contratarlo inicialmente.

Es indispensable que cualquier persona que tenga bienes en Estados Unidos realice un testamento en Estados Unidos. Aunque se tenga un testamento vigente en el país de origen es mucho más eficiente y rápido para efectos de algún contratiempo el tener los papeles en regla en el estado donde se encuentran los bienes o donde se reside.

En el testamento se pondrá cómo se quieren dividir los bienes muebles e inmuebles, la persona que se quedará a cargo como albacea para administrar los bienes de los niños y las personas que quedarán como guardianes de los hijos en caso de fallecer los dos padres.

3. Educación

Educación preescolar

Existen escuelas-guarderías en las que se puede dejar a los bebés hasta los 5 años. La colegiatura es aproximadamente de $750.00 dólares mensuales y tienen un horario de 6:30 AM a 6:30 PM. En mi experiencia, el currículo no es muy completo: le sirvió a mi hija cuando tenía dos años para entender el inglés y empezar a socializar en otro idioma.

También existen algunas escuelas de preescolar que no son guardería y tienen un currículo más ambicioso con opciones de horarios y días para asistir 2, 3 o 5 días a la semana. Los niños tienen más capacidad de aprender y dominar materias necesarias para entrar al kínder a los 5 años.

Educación privada

Existen varias opciones de escuelas Privadas en Woodlands. A diferencia de las públicas, se tiene que pagar una mensualidad o anualidad considerable. Comparando las escuelas privadas estadounidenses con las escuelas privadas mexicanas, son mucho más caras las estadounidenses.

A algunas de ellas se les conoce por sus gigantes recaudaciones en las cuales algunos papás se sienten mal por ser los menores donadores al escribir un cheque por $5,000 dólares, mientras que los demás padres donaron mucho más arriba de ese monto.Las colegiaturas de escuelas privadas cuestan alrededor de $20,000.00 dólares al año, dependiendo del grado escolar, más los extras de libros y materiales aproximadamente de $2,000 dólares más las donaciones.

Las escuelas privadas de The Woodlands se están preparando para el crecimiento que se ha venido dando desde la llegada de Exxon Mobil y también debido a otros factores externos de migración.

Las escuelas privadas están orgullosas de tener un gran número de alumnos inscritos. Por ejemplo, la escuela John Cooper según el periódico Community Impact tiene registrados 1,200 alumnos de una población de 120,000 personas que tiene acceso a excelentes escuelas públicas. En comunidades tan pequeñas no es común ver gran variedad de opciones para educar a los hijos, sobre todo para las familias que están llegando.

Dentro de los límites del Distrito Escolar de Conroe, aproximadamente 6% (3,639 estudiantes) va a escuelas privadas. Este número podría incrementarse con 1,072 estudiantes adicionales de acuerdo al reporte demográfico del *Population Survey Analysts*.

Para acomodar a los nuevos estudiantes las escuelas privadas se han dado a la tarea de construir nuevos edificios y tratar de equilibrar el crecimiento estudiantil con la calidad de la educación y la atención personalizada.

La Woodlands Preparatory School cambió de dueño y se ha modificado para tener una acreditación de Bachillerato Internacional (International Baccalaureate school), que es un programa internacional que le da continuidad a los alumnos, ya que más del 80% de las familias que tienen inscritos a sus hijos tienen antecedentes internacionales. Son familias que ya han vivido en otros países debido al trabajo de alguno de los padres y han sido transferidos por todo el mundo.

También The Woodlands Christian Academy tiene planes de expandir sus instalaciones. Todas las escuelas privadas confían en los generosos donativos de los padres de familia para poder realizar los nuevos edificios.

Comparativo entre la escuela privada y la escuela pública

	ESCUELAS PRIVADAS	ESCUELAS PÚBLICAS
Admisión	Se basa en resultados de exámenes, GPA (promedio) y en las entrevistas tanto a los estudiantes como a la familia.	El acceso es para todos aquellos alumnos que viven en los límites del Distrito Escolar, no es necesario presentar un examen para poder ingresar.
Colegiatura	Varía dependiendo de cada escuela.	No existe.
Financiamiento	Generan su propio financiamiento por medio de la colegiatura, donaciones de los padres y recaudaciones anuales.	Las financian fondos locales, estatales y federales.
Recaudación de impuestos	No pueden recaudar impuestos.	Cada distrito escolar público puede recaudar impuestos. La tasa impositiva se fija anualmente por una junta directiva.

Exámenes	Las escuelas privadas no tienen ninguna responsabilidad de aplicar las evaluaciones estatales.	Las escuelas públicas están sometidas a las pruebas estandarizadas Estatales (STAAR Test)
Horas de escuela	Los estudiantes deberán recibir al menos cuatro horas de enseñanza.	Los estudiantes deben asistir a clases por lo menos siete horas cada día.
Control de la administración de las escuelas	Existe una gran variedad de escuelas privadas, algunas son sin fines de lucro, administradas por una junta de consejo; o con fines de lucro, financiadas por un inversionista.	Las escuelas públicas son administradas por una junta directiva elegida por el público.

Educación pública

La escuela primaria o *"elementary"* como le llaman en Estados Unidos, se dirige a niños con cierta edad cumplida al primero de septiembre.

En un kindergarten público los aceptan con 5 años cumplidos antes del primero de septiembre; en primero de primaria con 6 años cumplidos; y así sucesivamente hasta los 11 años que vendría siendo sexto de primaria.

En la escuela primaria se enseñan materias como Lectura, Escritura, Matemáticas, Geografía, Ciencias, Arte, Historia y Educación física. Los idiomas se enseñan hasta *"high school*". A partir de los 12 años ya es la escuela secundaria o "*secondary*", hasta los 18 años. La escuela secundaria se divide en "*junior high*" y "*senior high*" en una "*high school*". *junior high* es para los adolescentes de 12 a 14 años, mientras que *senior high* es de los 15 a los 17 años.

En algunos distritos escolares los estudiantes asisten a una "*middle school*" hasta octavo grado. En mi experiencia, estaba la primaria hasta sexto y en proceso de construcción la "*middle school*", cuando esté terminada se impartirán sexto, séptimo y octavo, quitando el sexto de las primarias que van a alimentarla de alumnos.

Los alumnos tienen que tomar las materias obligatorias, son las mismas que se imparten en la primaria a un nivel más avanzado. Además de estas materias tienen que escoger las llamadas "*electives*" que son opcionales y complementan sus planes de carrera. Generalmente estas materias opcionales complementan la mitad de las que toman los estudiantes de noveno a doceavo.

Alrededor del noveno grado los estudiantes reciben tutoría para que tomen las materias que les van a beneficiar en la carrera para la universidad o escuela que escojan. La tutoría continúa hasta los dos primeros años de la carrera.

Algunas escuelas ofrecen una gran variedad de materias a estudiantes divididos en tres ramas; Académica, Vocacional y General.

La Académica es para quienes quieren ir a la universidad o *college*, enfocadas a la Ciencia (Biología, Química, Física) y a las Matemáticas avanzadas (álgebra, geometría, cálculo y trigonometría).

La Vocacional incluye la agricultura, comercial, economía del hogar y la industrial con lo cual pueden acceder a actividades como el cuidado de niños, cuidado de enfermos, manufactura, área de la construcción, etc. Existen las materias como mecanografía, taquigrafía o contabilidad básica para las personas que desean trabajar en un negocio.

El General es para aquellas personas que no desean ir a la universidad o college o no saben qué estudiar. Esta rama ofrece cursos introductorios en general de la rama vocacional y al final obtienen su diploma de *high school*.

Sistema 1:

elementary school = kindergarten a quinto grado

middle school = sexto, séptimo y octavo

high school = noveno a doceavo

Sistema 2:

elementary school = kindergarten a sexto grado

middle school = séptimo y octavo

high school = noveno a doceavo

Sistema 3:

K-eight school = kindergarten a octavo grado

high school = noveno a doceavo

Sistema 4:

elementary school = kindergarten a sexto grado

junior high school = séptimo, octavo y novena

high school = décimo a doceavo

Los nombres que se les dan a los alumnos son los siguientes:

 9° grado: «*freshman*"

10° grado: "*sophomore*"

11° grado: "*junior*"

12° grado: "*senior*"

La Educación Física es una materia obligatoria, mientras que otros deportes son parte de las actividades extracurriculares. Para muchos estudiantes es importantísimo estar en el equipo deportivo de la escuela (futbol americano, básquetbol, soccer, etc), tanto por la popularidad como porque es una buena razón para obtener algunas becas universitarias. Algunas escuelas ya exigen un buen aprovechamiento académico para pertenecer a estos equipos deportivos para que no descuiden el trabajo escolar.

Distritos escolares

Los Distritos escolares son las organizaciones encargadas de impartir la educación desde el nivel primaria hasta la preparatoria en cierta demarcación especifica.

En Woodlands existen 3 Distritos escolares; Conroe, Magnolia y Tomball.

Tomball se encuentra únicamente en la zona de Creekside Forest y cuenta con tres recién construidas primarias (Creekside Forest, Timber Creek y Creekview) y un *junior high* (secundaria) que se está construyendo. Creekside Elementary está ranqueada como *exemplary* y en general las tres primarias tienen un buen nivel académico.

Una amiga estadounidense me comentó con gran sabiduría que "la reputación de una escuela está directamente relacionada con la comunidad de padres de familia que participa en ella". Como ejemplo me dijo que el Distrito escolar de Conroe tiene muchas primarias y preparatorias, sin embargo las que sobresalen son las que están en The Woodlands. Las otras, aunque se encuentran en el mismo Distrito escolar, no tienen el mismo nivel académico. Toda la tecnología, libros y cualquier elemento académico que ayude a los alumnos tienen que ver con la capacidad de los padres para conseguirlo o con la presión que se ejerce a la escuela para tener una mejor educación. Yo le añadiría que depende también del nivel socioeconómico de las familias: el dinero sí es un factor determinante para el nivel de educación pública por las recaudaciones y donativos que los padres de familia realizan.

Conroe es el que más escuelas tiene con bastante prestigio en Woodlands. La Woodlands High School está en el número 63 de Texas y en el 519 según la publicación de US News.

Según Community Impact, algunos ejemplos de las escuelas públicas tienen la siguiente calificación durante los resultados STAAR 2013-2014:

En el Distrito escolar de Tomball:

Escuela Creekside Forest (765 Alumnos)	Lectura	Matemáticas	Escritura	Ciencia
Tercer grado	97%	97%	NA	NA
Cuarto grado	99%	100%	95%	NA
Quinto grado	96%	98%	NA	98%
Sexto Grado	100%	100%	NA	NA

Tomball Junior High (846 alumnos)	Lectura	Matemáticas	Escritura	Ciencia	Estudios sociales	Álgebra I
Séptimo grado	84%	85%	77%	NA	NA	NA
Octavo grado	89%	87%	NA	81%	80%	100%

Tomball High Schools (1,553 alumnos)	Álgebra I	Biología	Inglés I	Inglés II	Historia de Estados Unidos
	92%	97%	77%	76%	96%

En el Distrito escolar de Conroe durante el ciclo 2014-2015

Escuela Deretchin (1,111)	Lectura	Escritura	Ciencia
Tercer grado	97%	NA	NA
Cuarto grado	98%	94%	NA
Quinto grado	85%	NA	76%
Sexto grado	100%	NA	NA

McCullough Junior High	Lectura	Escritura	Ciencia	Estudios sociales
Séptimo	94%	93%	NA	NA
Octavo	96%	NA	91%	94%

Desde séptimo, que sería como primero de secundaria, se recomienda que los alumnos tomen los *Pre-Advanced Placement Courses* o *"Pre Ap"*.

Advanced Placement and Pre-Advanced Placement Courses

Materias avanzadas *"Advanced Placement* (AP)*"*

Es un programa de cooperación educativo entre escuelas del nivel secundario (*junior* y *high schools*) y universidades y *colleges*. Permite que los estudiantes de preparatoria tomen materias con nivel de *college* y les da la oportunidad de demostrar que manejan el nivel avanzado tomando los exámenes AP.

Algunas de las materias que están disponibles son Inglés, Matemáticas, Ciencia y Español.

Algunas clases AP son merecedoras de créditos o mayor nivel en algunas materias del *college* o de la universidad que participan en este programa, aunque los estudiantes todavía estén en *high school*. Para determinar el nivel que pueden adquirir, tendrán que verificarlos con el *college* o universidad a la que quieran aplicar y pertenecer.

Las materias AP están abiertas a todos los estudiantes que tengan habilidades de análisis, lectura y escritura, con lo que ayudan a desarrollar las habilidades intelectuales y autodisciplina que se necesitan para enfrentar el primer año *college* o universidad.

Materias Preavanzadas o *"Pre AP"*

El significado de *Pre AP* es *Pre Advanced Placement*: son clases con un nivel más avanzado y riguroso en junior high que ayudan a los estudiantes a su preparación para la universidad. Se espera que los estudiantes que elijan estas clases trabajen más y desarrollen habilidades, conceptos, hábitos y la preparación para su carrera universitaria. Necesitan estar arriba del nivel promedio en las lecturas, proyectos y actividades.

La diferencia entre las clases generales y las *Pre-AP* es que en estas últimas se profundiza en el conocimiento, existe una mayor complejidad y se estimula el aprendizaje.

Para los interesados en este tipo de materias debe haber un compromiso con ellos mismos y evaluar las actividades extracurriculares para poder tener el tiempo y la dedicación a una mayor carga de trabajo.

Estudiantes *"Gifted"*: talentosos, dotados o sobresalientes

Según el Comité de Trabajo Departamento de Educación Niños la definición es:

Niños (as) o jóvenes que ejecutan o demuestran un potencial para ejecutar a un nivel excepcional conforme a su edad, experiencia o ambiente y que:

- exhiben gran capacidad intelectual, creativa, artística, emocional o psicomotora

- poseen gran capacidad de liderazgo o

- sobresalen marcadamente en un área académica específica

A los niños se les evalúa por medio de varios exámenes que aplica el Distrito escolar para poder determinar si son niños sobresalientes.

En las escuelas, los estudiantes talentosos o sobresalientes tienen tareas especiales y algunas veces son cambiados de salón de clases para avanzar académicamente en ciertas materias.

Crédito dual para estudiantes

El crédito dual permite que el estudiante de secundaria se gane créditos universitarios y de secundaria simultáneamente.

La mayoría de cursos académicos de crédito dual serán aceptados en casi todos los colegios de 2 años y en universidades de 4 años de Texas.

Las clases AP se enseñan en *high School;* también las de crédito dual se enseñan en *high school* y en el *college.*

Mientras que las materias AP son aceptadas en todo el país con una calificación de 3 o mayor, el crédito dual es aceptado en universidades o *colleges* de Texas.

Educación bilingüe

Cada Distrito escolar que tenga una matrícula de 20 o más estudiantes del idioma español deberá ofrecer un programa de Educación bilingüe desde pre-kínder hasta los grados de primaria.

En 1981, en una demanda exitosa interpuesta por el Fondo Mexicano Americano de Defensa Legal y la Educación (MALDEF), los demandantes impugnaron el estado de los esfuerzos de Texas para contrarrestar los efectos de la discriminación pasada contra estadounidenses de origen mexicano con sólo hacer que los programas fueran voluntarios. Como resultado de ese litigio, el estado revisó el mandato y decidió que los sistemas escolares ofrecieran programas de educación bilingüe en los grados de primaria; inglés como segundo idioma (ESL); o programas bilingües en los grados posteriores a la primaria hasta el octavo grado, y programas de inglés como segundo idioma en *high school.* Esta ley estatal revisada (SB 477) fue escrita por el Senador Estatal Carlos Truan, de Corpus Christi, y co-patrocinada por el representante estatal Matt García de San Antonio. La nueva legislación también plantea procedimientos uniformes para la identificación de los estudiantes y la colocación, y los criterios de salida establecidos para la transición de los estudiantes fuera del programa.

Las escuelas de Creekside no cuentan con este servicio. Si se quisiera acceder a una escuela bilingüe se tendría que pedir una transferencia a alguna primaria de Tomball. La mayoría, por no decir casi todos los mexicanos que llegan a vivir a Creekside, meten a sus hijos al programa ESL (*English as a second language*: inglés como segundo idioma).

ESL *(English as a second language)*

Programa de inglés como segunda lengua

A todos los estudiantes del idioma inglés para los que el Distrito escolar no está obligado a ofrecer un programa de Educación bilingüe se les proporcionarán un programa de inglés como segunda lengua sin importar el número de estudiantes.

En este programa estuvo mi hijo cuando llegó, de 5 años, y desde kínder aprendió inglés sin ningún problema.

Educación Especial

Cuando un niño tiene algún tipo de discapacidad, necesita algún tipo de terapia o recursos especiales para su desarrollo, se realizan juntas entre expertos de la educación, psicólogos y terapeutas y se le asigna al niño un programa de desarrollo o cuidado especial con expertos en el ramo. La ley en estos casos apoya las preocupaciones que los padres puedan detectar en los niños.

Educación para los niños migrantes

Texas es el hogar para la mayoría de los estudiantes migrantes en Estados Unidos. Los estudiantes de Texas y sus familias migran anualmente a 48 estados de la nación. Texas le ha dado la bienvenida al estado a trabajadores temporales para que realicen las actividades de agricultura y pesca.

El propósito del programa es diseñar y apoyar programas que ayuden a los estudiantes migrantes a superar los retos de movilidad y culturales, las barreras del idioma, aislamiento social y demás dificultades relacionadas con la migración.

Charter Schools

Las escuelas *charter* son aquéllas que firman un contrato con el estado o el distrito, por el cual obtienen excepciones con respecto a ciertas normas escolares generales y fondos del gobierno, para poder cumplir con los objetivos estable-cidos en dicho contrato. Cada estado determina por ley qué características y qué duración podrán tener los contratos en su territorio, así como los requisitos para poder ser renova-dos. Debido a que hay una gran variedad de leyes y a que el contrato es específico en cada caso, encontramos una enor-me diversidad en las características de estas escuelas entre un estado y otro, y aún dentro del mismo estado. Esa flexi-bilidad hace que las escuelas *charter* tengan características tanto de escuelas públicas como privadas.

Todas las escuelas *charter* reciben fondos públicos, pero su manejo operativo no es comparable con el de las demás, ya que en muchos casos las normas que las rigen son dife-rentes. Las escuelas *charter*, a diferencia de las privadas, son evaluadas por sus resultados; esto significa que están sujetas a una rendición de cuentas (*accountability*). Son responsa-bles tanto por los resultados académicos como de las prácti-cas fiscales ante varios grupos: el patrocinador que los con-cede, los padres que los eligen y el público que los financia.

Las escuelas *charter* son públicas porque son abiertas a todos los estudiantes, son gratuitas, no pueden poner requisitos de admisión y reciben población social y étnicamente diversa. En síntesis, las escuelas *charter* son públicas porque reciben financiamiento estatal y están abiertas a todos los estudiantes, y porque su funcionamiento está bajo el control del estado, que puede no renovar su contrato si no demuestran haber cumplido con los objetivos propuestos en él.

Magnet Schools

Son escuelas públicas que requieren de los estudiantes más talentosos en la región. El ingreso es vía un proceso de aplicación que requiere las calificaciones de los exámenes y los puntos de GPA.

STEM Schools

Son las 500 escuelas que US News revisa mediante las medallas de oro en los *rankings* para identificar las mejores en ciencia, tecnología, ingeniería y matemáticas.

GPA *(Grade point average)*

GPA es el promedio de calificaciones, que simplemente indica cómo te fue en todas tus clases. Un alto promedio te ayuda a recibir becas, subvenciones y otros premios ¿Cómo se calcula el GPA?

Para sacar su GPA, primero hay que entender qué son los *"grade points"*, o puntos de grado, y cómo se utilizan para calcular su GPA. Cada calificación o nota por letras corresponde a un valor numérico determinado. Esos valores numéricos se conocen como *"grade points"* o puntos de grado. En la tabla siguiente se indican los puntos de grado para todas las calificaciones posibles por letras:

Grado o calificación por letra	Significado	Puntos de Grado
A	Excelente	4
B	Bueno	3
C	Adecuado	2
D	Apenas pasando	1
F	Reprobado	0

En *high school* es el promedio final con el que te graduaste y en la universidad o *college* se tiene que mantener un GPA de 2.0 o más para evitar sanciones como son la matrícula condicional ("*probation*") y la suspensión. Será mejor mantener su GPA lo más alto posible. Entre más alto, será mucho mejor. Esto abre más puertas y oportunidades para solicitar empleo, ya sea como estudiante o como egresado. Cuando se gradúa de *college* el GPA será muy útil para encontrar trabajo. Dependiendo de la carrera, si es una carrera que tiene mucha demanda y muchas personas están aplicando para el mismo trabajo, el GPA ayudaría en este caso.

Las calificaciones con letra corresponden tanto a una puntuación porcentual que se calcula sobre 100 y un equivalente numérico que se representa en una escala que oscila entre 0.0 y 4.0. Las calificaciones representadas por la letra A corresponden a una puntuación porcentual de 90 a 100. La mayoría de las instituciones académicas calculan que una puntuación porcentual de 95 a 100 que corresponde con el equivalente numérico de 4.0. Una puntuación porcentual de 94 corresponde a un 3.9; 93 corresponde a un 3.8 y así sucesivamente, hasta un puntaje de 65, que normalmente corresponde a un 0.0, aunque algunas escuelas hacen ajustes menores de modo que un 60 corresponda a un 0.0. Un GPA es un promedio cuantitativo de las puntuaciones numéricas totales correspondientes a un semestre, año académico o todo el programa académico.

State of Texas Assessments of Academic Readiness (STAAR)

En 2011 se inició una nueva manera de evaluar con las pruebas STAAR, en las cuales los estudiantes serán evaluados en las áreas de lectura, escritura, ciencias, matemáticas y estudios sociales con un tiempo de cuatro horas. El número de exámenes dependerá del grado escolar, siendo el mínimo dos. A partir del tercer grado de primaria se impartirán los exámenes hasta doceavo.

Preparación para la universidad o *college*

La preparación para la universidad o *college* empieza desde el noveno grado para saber qué materias escoger, materias avanzados como las "*Pre AP's o AP's*", para poder pertenecer a la carrera y universidad que el estudiante desee acceder.

Algunos padres de familia afirman que desde séptimo grado los están guiando para que el camino sea más tranquilo y seguro.

¿Qué es el *community college?*

Son instituciones de educación superior que se conocen como *junior* o *technical colleges*. Los estudiantes se dedican a obtener certificados o diplomas profesionales ya que después de los dos años se obtiene un grado de asociado (*Associate's degree* o A.S., por sus siglas en inglés).

Es el punto de partida para una licenciatura u otros títulos más avanzados en las universidades de Estados Unidos. En los primeros dos años se adquiere una base sólida de conocimientos generales antes de que el estudiante se enfoque en un área de estudios específica.

Generalmente se toman materias como literatura, ciencia, ciencias sociales, arte, historia, que son los fundamentos antes de concentrarse hacia algún campo específico. Así se completan los dos primeros años de prerrequisitos obteniendo el título para posteriormente realizar la transferencia hacia una universidad o *college*.

¿Qué es un *college* en Estados Unidos?

Es una institución educativa superior dedicada a estudios de licenciatura. Los estudiantes después cuatro años de estudios reciben su licenciatura en B.A. (Bachelors of Arts) o en un B.S. (Bachelors of Science).

¿Qué es una universidad en Estados Unidos?

Es una institución educativa superior donde se ofrecen estudios de licenciatura (B.A y B.S.), maestrías, doctorados (Ph.D.) y otros estudios profesionales; se dividen en públicas o privadas.

Becas y ayuda financiera

Los estudiantes universitarios en Estados Unidos pueden solicitar varios tipos de ayuda financiera para pagar por sus estudios. Las fuentes principales de asistencia son:

- **Subsidios:** Ayuda económica que no se devuelve y generalmente se otorga según la necesidad económica o algún talento especial como el desempeño deportivo.

- **Trabajo y estudio:** Una fuente de asistencia financiera que se utiliza para compensar los costos de la educación. Los estudiantes asisten a la universidad y trabajan en ella para ganar dinero. El dinero no se devuelve.

- **Préstamos:** Fondos que se toman en préstamo y se deben devolver con intereses. Como regla general, los préstamos educativos tienen plazos y tasas de interés mucho más favorables que los préstamos tradicionales para consumidores.

- **Becas:** Las becas no se devuelven y generalmente se otorgan según criterios determinados. Muchas organizaciones ofrecen becas como las mismas universidades, organizaciones comunitarias, instituciones privadas y otras.

Los subsidios y las becas de estudio pueden provenir del gobierno federal, del gobierno estatal, de la universidad o instituto profesional o de una organización privada o sin fines de lucro.

La mayoría de las instituciones que ofrecen becas requieren que los estudiantes sean residentes o ciudadanos estadounidenses.

Ayuda Federal para estudiantes (*Free Application for Federal Student Aid:* FAFSA)

Para solicitar ayuda del gobierno federal para estudios superiores se deberá llenar por internet la Solicitud Gratuita de Ayuda Federal para Estudiantes (FAFSA). Esta solicitud se envía a las universidades e instituciones que la persona selecciona.

Requisitos generales de participación para recibir ayuda económica incluyen:

Comprobar su necesidad económica (para la mayoría de los programas),

Ser ciudadano estadounidense o extranjero con derecho a participar,

Tener un número de Seguro Social válido,

Inscribirse, si aún no lo ha hecho, en los registros militares del Sistema de Servicio Selectivo, si es varón y tiene entre 18 y 25 años,

Inscribirse o ser aceptado para la matrícula como estudiante regular en un programa aprobado que otorgue un título o certificado,

Estar inscrito para estudiar con dedicación de medio tiempo por lo menos para tener derecho a recibir fondos del Direct Loan Program,

Mantener un progreso académico satisfactorio en la universidad o instituto profesional,

Firmar declaraciones en la Solicitud Gratuita de Ayuda Federal para Estudiantes (FAFSA) mediante las que declare: no haber incurrido en incumplimiento de pago de un préstamo federal para estudiantes, ni tener una deuda de dinero por una beca federal estudiantil,

Utilizar la ayuda federal para estudiantes sólo con fines educativos y comprobar que reúne los requisitos para obtener educación de una universidad o una escuela politécnica mediante un diploma de escuela secundaria o un equivalente reconocido, como el Certificado de Formación Educativa General (GED, por sus siglas en inglés); o finalizar los estudios secundarios con alguna forma de enseñanza en el hogar que esté aprobada por la legislación del estado.

Extranjeros que cumplen con los requisitos para obtener ayuda federal para estudiantes:

1.-Una persona nacional de Estados Unidos.

Un residente permanente de Estados Unidos con un Formulario I-551, I-151 o I-551C (tarjeta de residente permanente, tarjeta de extranjero residente o constancia de registro de extranjeros) también conocido como la *"Green card"* o tarjeta verde.

2. Tiene una constancia del registro de llegada o salida (I-94) del Servicio de Ciudadanía e Inmigración (USCIS, por sus siglas en inglés) de Estados Unidos, en la que dice:

"refugiado"

"asilo otorgado"

"inmigrante cubano o haitiano (situación pendiente)"

"inmigrante condicional" (válida sólo si se emitió antes del 1º de abril de 1980), o

"persona admitida a prueba" (debe ser admitido a prueba por al menos un año y debe ser capaz de proporcionar pruebas provenientes del Servicio de Ciudadanía e Inmigración de Estados Unidos, de que no se encuentra por un motivo temporal y que pretende convertirse en ciudadano o residente permanente de la Unión Americana).

3. Es titular de una Visa tipo T (para víctimas del tráfico de seres humanos) o uno de sus padres tiene una Visa tipo T-1. La oficina de ayuda económica de su universidad o instituto profesional le solicitará ver su visa o la carta de certificación del Departamento de Salud y Servicios Humanos de los Estados Unidos.

4. Es extranjero autorizado o inmigrante maltratado y es víctima de abusos por parte de su cónyuge que es un ciudadano o residente permanente, o es hijo de una persona que sufre maltratos conforme a la Ley sobre Violencia contra la Mujer (VAWA, por sus siglas en inglés).

5. Es ciudadano de los Estados Federados de Micronesia, de la República de las Islas Marshall o de la República de Palaos. Si así fuere, podría tener derecho sólo a ciertos tipos de ayuda federal para estudiantes

NO es extranjero con derecho a participar y no puede recibir ayuda federal para estudiantes si:

Sólo tiene un "Aviso de Autorización para la Solicitud de Residencia Permanente" (I-171 o I-464);

Se encuentra en Estados Unidos con una visa estudiantil de no inmigrante F-1 o F-2, o con una visa de visitante por intercambio para no inmigrantes J-1 o J-2

Tiene una visa serie G (que pertenece a organizaciones internacionales).

Ejemplo Beca Ronald McDonald House Charities (HACER)

Esta beca surge por el profesor Richard Castro, que era operador de McDonalds y vio con gran preocupación el abandono de la escuela secundaria por parte de los estudiantes hispanos en todo el país y propuso la creación de una beca para alentar a los jóvenes a continuar sus estudios.

Requisitos de elegibilidad:

Para poder solicitar una beca, el estudiante debe:

- Estar en el último año de *high school*.

- Ser residente legal de Estados Unidos.

- Ser menor de 21 años.

- Tener un GPA mínimo de 2.7.

- Ser elegible para asistir a un *college* o universidad, ya sea de dos o cuatro años, y hacer un curso de estudio completo.

- Planear matricularse en una universidad acreditada durante el año académico posterior al año de graduación.

- Completar la solicitud por internet en https://aim.applyists.net/RMHC o visitar www.rmhc.org para más información.

Becas para estudiantes internacionales

Lo primero es consultar la oficina de asistencia financiera de la universidad a la cual aplicó el estudiante.

Ya que la mayoría de becas que otorgan las instituciones estadounidenses van dirigidas a residentes y ciudadanos estadounidenses, el alumno tendrá que buscar primero en los siguientes grupos locales:

- Agencias del gobierno de su país, incluyendo las de educación, arte y cultura, salud, investigación científica, etc., ya algunas tienen programas de becas para los estudios en Estados Unidos

- Grupos locales de graduados de la universidad

- Organizaciones comunitarias, cívicas, o religiosas

- Empresas o corporaciones que emplean al estudiante

En Estados Unidos se debe buscar en Foundation Grants to Individuals Online para conocer las diferentes tipos de becas que se ofrecen utilizando el termino *foreign applicants*.

4. El sistema médico

Medicina alópata nortemericana

La ciudad de Houston es muy famosa por su sistema de salud, y muchas veces cuando era niña escuchaba de enfermedades catastróficas o extrañas, sin cura, casos terminales en los que los enfermos afectados acudían a Houston en busca de una solución a sus problemas, por tener equipo y médicos de primer nivel.

Seguramente habrá especialistas en enfermedades raras o complicadas que todavía cumplen con esa fama, pero la realidad es que muchos de los que vivimos a la vuelta de Houston vamos a México para ver al ginecólogo, dentista, oculista, *check ups*, etc. Los doctores mexicanos del día a día en mi experiencia son infinitamente superiores en cuanto al diagnóstico, empatía y trato personalizado, comparando con los estadounidenses.

Cada subdivisión en The Woodlands tiene su ER (*Emergency Room*), el cual solamente es recomendable para emergencias ya que, además de costoso, tienen el sistema de enviar las facturas poco a poco del material que utilizaron, los honorarios de los doctores, enfermeras o quien haya atendido, y pasan los meses, pudiendo ser que al séptimo mes de la emergencia sigan llegando facturas. Justo cuando crees que ya liquidaste toda la deuda te llega otra factura. Lo que recomiendo hacer es hablar desde la primera factura y negociar el monto total, si les haces "la chillona", generalmente reducen el monto porque prefieren cobrar algo que nada.

Mi familia ya tuvo algunas experiencias. La de mi esposo que se había realizado un *check up* en Zentrica: le enviaron los resultados y tuvo comunicación con la doctora que los explica, le recomendó que viera a un especialista y mi esposo estuvo investigando en Google un marcador cardio-vascular que salía con niveles preocupantes fuera del rango.

Le recomendaron un cardiólogo en Houston y la espera fue de unas tres horas… y nosotros pensando que el IMSS era lo peor. Le realizaron el electrocardiograma, contestó varios cuestionarios y después el doctor lo recibió 5 minutos o menos, diciéndole que se tomara una pastilla de Lipitor y una aspirina para el corazón. En ese momento teníamos un seguro con un deducible altísimo y lo que habíamos descubierto es que si dices que no tienes seguro te cobran menos por la consulta. Nuestro seguro realmente era para enfermedades o accidentes catastróficos y no teníamos uno para consultas.

Les dijo que no tenía seguro y que por favor le aplicaran todos los descuentos que existan y, cuando vio la cuenta, si no le había dado un ataque cardiaco antes, ahora estaba a punto de darle uno. La cuenta fue de $3,000.00 dólares.

Es exorbitante lo que cobran los doctores por consultas, y una de las razones es los enormes seguros que tienen que pagar los doctores por las *"liabilities"*. Estamos en el país de las demandas y para evitarlas se tienen que contratar seguros de todo tipo e incluso firmar los papeles que liberan de cualquier responsabilidad al que otorga el servicio.

Aun así en México la consulta hubiera sido de $2,000.00 pesos con un doctor de renombre que seguramente nos hubiera dedicado más de media hora. Un *check up* completo con tomografía, electrocardiograma en reposo, valoración de riesgo coronario, más otros estudios cuesta unos $15,000.00 pesos: una gran diferencia entre los $3,000.00 dólares del cardiólogo que a un tipo de cambio de $18.00 pesos son aproximadamente $54,000 pesos y los $17,000.00 pesos, suma de la consulta y el *check up*.

Me han comentado algunas estadounidenses que las farmacéuticas ofrecen incentivos para que los doctores receten las medicinas y vayan alcanzando y escalando los diferentes niveles de venta, llegando a tener bonos de seis dígitos. Bajo este esquema, a ningún doctor le conviene la recuperación de su paciente; es más rentable tenerlo enfermo que sano.

De la que nadie se salva es de ir al pediatra si se tiene niños pequeños. Las escuelas piden todas las vacunas del Sistema Nacional de Vacunación mexicano más otras dosis para poder inscribir a la escuela a los niños, con una excepción de que si firmas un *"exemption"* que te exime de vacunarlo por creencias religiosas contrarias a vacunarte.

La primera vez que fuimos al pediatra los revisó y no hubo nada fuera de lo normal. Cuando regresamos, porque a mi hija Paola le dio asma, le pedimos que nos diera su celular, como generalmente se lo pides al pediatra en México, y a regañadientes nos lo dio pero únicamente para emergencias de vida o muerte.

La otra experiencia que tuvimos fue con mi hijo Diego cuando lo lleve una semana a México y se me ocurrió llevarlo al otorrino porque había notado que roncaba y se le tapaba la nariz frecuentemente, además de que no estaba creciendo lo suficiente. El doctor me dijo que probablemente no le estaba entrando el oxígeno suficiente, por lo que no estaba durmiendo profundamente y, como consecuencia, la hormona de crecimiento no se estaba generando como debía.

El diagnóstico fue que se le tenían que quitar las adenoides y las amígdalas. Quise otra opinión y cuando regresamos lo lleve al otorrino que estaba disponible en el centro de ENT en Woodlands y nos dijo que sí las tenía muy grandes pero que iba a probar con un *spray* para la nariz por un mes.

Cuando lo volvió a revisar no se le habían desinflamado las adenoides lo suficiente por lo que también recomendó la misma operación.

Después de averiguar los diferentes tipos de bisturí que se utilizan en la operación, como el armónico, láser, Cobalt, y preguntar la mejor opción, resultó que el doctor del ENT en Woodlands usaba el Cobalt, que es una buena opción para la cicatrización. Los cuidados post-operatorios nos informaron que iba a estar muy molesto entre 7 y 10 días, bebiendo y comiendo cosas frías hasta que cicatrizara. Para nuestra grata sorpresa, al cuarto día ya estaba comiendo *mac and cheese* gracias al árnica que la Dra. Brenda (homeópata) nos recetó.

Para todas mis dudas sobre la operación había la opción de preguntar vía *email* o por teléfono. Yo opté por utilizar las dos opciones pero el método telefónico con la grabadora y la opción de: "Presione el 1 si quiere una cita, presione el 2 si se le terminaron las medicinas, presione el 3 si quiere hablar con la enfermera" es desesperante.

Fue tan engorroso que me quejé vía *email* y les escribí: "Si así va a estar el servicio en la cirugía voy a considerar cancelarlo si no se comunican lo antes posible conmigo".

A las 9:00 AM del día siguiente ya tenía a la enfermera llamándome para contestar mis preguntas. En la cita preoperatoria con el doctor le comentamos que nos íbamos a sentir más cómodos si nos daba su celular. De manera evasiva nos dijo que lo mejor es que si teníamos cualquier duda marcáramos el teléfono con las mil opciones. Salí frustrada a punto de cancelar la operación y me puse a investigar al doctor en Google para ver si no tenía alguna demanda o malos comentarios; no encontré nada malo y todo lo que salió fue positivo, con miles de reconocimientos, por lo que no la cancelé pues no tuve ningún pretexto para hacerlo.

La noche anterior a la operación no pudimos dormir muy bien. Nos citaron a las 7:00 AM en el Hospital Memorial Hermann de Woodlands con hora de cirugía a las 8:30 AM.

Lo pasaron a una camilla para ponerle la aguja del suero y su pequeña bata, y me dieron a firmar varios papeles para el consentimiento. Llegaron la enfermera, el anestesiólogo, que casualmente reconoció a mi esposo del Villa Sport, y mi esposo les dijo que se llevaban a nuestro tesoro, a lo que el anestesiólogo le respondió que no nos preocupáramos, que estaba en muy buenas manos. Mi corazón se hizo chiquito cuando se lo llevaron a la sala de cirugía. Nos regresaron a la sala de espera a las 8:00 AM y yo lo único que hacía era rezar para que le fuera bien y mandándole luz, con un estrés espantoso. A las 8:15 de la mañana nos llamaron y nos pasaron a otra sala; miles de cosas pasaron por mi mente hasta que llegó el doctor y nos dijo que ya habían terminado. Nos dijo que estaban enormes sus amígdalas y que todo había salido bien.

Mis expectativas del servicio que íbamos a recibir NO eran muy altas y me sorprendieron positivamente; las instalaciones y el servicio del personal eran de primer nivel. Todos mis miedos se disiparon respecto al Memorial Hermann que yo conocí recién llegada en 2010.

Recién mudados, mi mamá estaba de visita y fuimos con los niños al restaurante Brío mientras mi esposo se había ido a ver el futbol americano a Houston.

Iba muy arreglada, con mis sandalias abiertas, y cuando abro la puerta en el filo inferior estaba suelta una lámina de metal. Mi pie estaba muy cerca y cuando la puerta regresó por inercia hizo un efecto de navajazo, se llevó parte de mi uña, carne de mi dedo gordo y les dejé un charco de sangre en la entrada. Entre el susto y la sangre me pidieron mis datos y me fui al ER más cercano, que era precisamente en el Memorial Hermann. Llegando, me anoté en el cuaderno.

En la sala de espera había unas 15 personas: un señor se había caído del tercer piso de una construcción, otra señora traía un dolor que ella misma creía que era apendicitis, entre varios otros enfermos de urgencia.

Ya llevaba cuarenta minutos esperando y mi mamá entreteniendo a mis hambrientos hijos afuera de la sala. En cuanto me paro a checar con la señorita el tiempo de espera, me doy cuenta de que dos personas –una con huesos rotos y la otra con apendicitis— llevaban más de tres horas, peor que el IMSS. En ese momento le hablé a mi esposo diciéndole que si no habían atendido a una señora en el grito de dolor del apéndice, a mí me iban a atender a las 10 de la noche, si bien me iba. Mi dedo y uña, junto con la sangre y el polvo, ya no se veían. Afortunadamente, se inspiró mi esposo y se acordó de que nuestro vecino estadounidense es dentista; le marcó y amablemente le dijo que me fuera a su casa. Me curó junto con su esposa, me desinfectaron el pie mientras yo me moría de la pena, pues apenas los conocíamos. No me quiso cobrar nada y en agradecimiento lo compré unos *muffins*.

En mi experiencia, y a pesar de haber tenido una buena experiencia con la operación de mi hijo, el sistema médico es burocrático, ineficiente y caro. Está completamente enfocado en la rentabilidad sin ningún tipo de empatía o cuidado personal.

Farmacias en Estados Unidos

En las farmacias mexicanas llegas, le das tu receta, buscan la medicina –si la tienen, te la dan; si no, te dicen— pagas y te vas. Las farmacias en Estados Unidos reciben la orden del médico mientras estás en la consulta, o también te pueden dar la receta física. Vas a la farmacia, te buscan por nombre, apellido y la fecha de nacimiento. Acostumbrada a la rapidez, generalmente dicen "en veinte minutos está o le enviamos un texto a su teléfono cuando esté listo". El sistema es lento para poder entregar el medicamento.

¿Cómo? Si ya lo tienen, búsquenlo, empáquenlo y dénmelo; es un sistema burocrático.

Cuando recibes el paquete te dan la cantidad exacta que te recetó el doctor, ni más ni menos. No son las cajas estandarizadas, de las que te puede sobrar un poquito de jarabe o unas pastillas, pero aun así creo que se tardan demasiado en surtir las recetas. Después de recibido el paquete te preguntan si tienes dudas para que el farmacéutico te explique la dosis.

Cuando la gente viene de vacaciones, es parada obligatoria ir a la farmacia para el *shopping* de cosméticos, Emergen C, vitaminas para los niños y demás chucherías que no encuentras en México.

Medicina integral alternativa

Terapias holísticas

El holismo (del griego: todo, entero, total) es la idea de que todas las propiedades de un sistema dado (por ejemplo, biológico, químico, social, económico, mental o lingüístico) no pueden ser determinados o explicados por las partes que los componen por sí solas. El sistema como un TODO determina cómo se comportan las partes.

Gracias a los cursos que he organizado hemos conocido muchas técnicas que ayudan tanto en la parte emocional, como en el crecimiento personal y espiritual.

Quiropráctico

La medicina quiropráctica es muy popular en Woodlands, en cada plaza comercial siempre hay un quiropráctico.

La quiropráctica es la profesión sanitaria que se ocupa del diagnóstico, tratamiento y prevención de desórdenes del sistema músculo-esquelético y los efectos de estos desórdenes sobre el sistema nervioso y la salud general, con énfasis en el tratamiento manual, incluida la manipulación.

La primera vez que saqué una cita se debió a que mi dedo chiquito del pie se movía involuntariamente de un lado a otro después de que tuve un episodio de estrés andando en bicicleta bajo una tormenta llena de truenos.

Me movió la pierna de un lado a otro, me alineó, me puso una corriente eléctrica y su diagnóstico fue que en tres días iba a estar bien y sorprendentemente así fue, mi dedo dejó de moverse.

Se han realizado algunos documentales sobre la Asociación Médica de Estados Unidos tratando de desprestigiar y quitar la licencia a los quiroprácticos, que llaman *"quacks"*. Los doctores que se dedican a esta profesión han pasado por mucha humillación de parte de la Asociación Médica Alópata pero afortunadamente hubo un "soplón" que puso en evidencia la conspiración de querer desaparecer la profesión y mediante un juicio ganaron esa instancia. Afortunadamente, para el campo deportivo ha sido de mucha utilidad el servicio de los quiroprácticos. Profesionales de básquetbol, gimnasia, atletismo y futbol americano, entre varios deportes, tienen a su servicio doctores quiroprácticos, lo cual los ha hecho populares y le ha ido quitando parte del estigma que tenían de charlatanes.

Homeopatía

La homeopatía es un sistema de medicina alternativa creado en 1796 por Samuel Hahnemann basado en su doctrina de "lo similar cura lo similar": una sustancia que cause los síntomas de una enfermedad en personas sanas curará lo similar en personas enfermas.

En México ya habíamos acudido a doctores de medicina alternativa ya que mis dos hijos tuvieron asma. A Diego lo llevamos con un homeópata y los chochitos sirvieron para la gripa, calentura y demás episodios que les dan a los niños. La homeopatía es una gran herramienta que a muchos les funciona pero algunas personas esperan tener la rapidez de la alopatía, que quita el síntoma pero no la causa, por lo que no la utilizan. Conozco a muchas personas que se desesperan con la homeopatía, pero hay que darle tiempo para que el cuerpo encuentre su equilibrio y para encontrar la medicina exacta, porque es personalizada.

NAET

Estaba cansada de que mis hijos tuvieran continuamente la llamada "tos de foca". Nuestra pediatra del Texas Children's recomendó a un otorrino (ENT: Ear, Nose and Throat) y nos mandó hacer unos estudios de sangre en donde salieron alérgicos al trigo, huevo, lácteos, etc. Así que una amiga de México nos recomendó que leyéramos e investigáramos acerca de NAET.

En el *website* de NAET se explica de la siguiente manera: "*Nambudripad Allergy Elimination Technique*" es una técnica desarrollada por la Dra. Devi Nambudripad, quien, en 1983, descubrió que las reacciones alérgicas podían evitarse mediante un proceso de desensibilización del cuerpo en la presencia de diferentes sustancias que previamente habían sido dañinas para éste. "NAET es una técnica única, no invasiva, en la cual no se utilizan medicamentos para aliviar alergias, intolerancias e hipersensibilidades de cualquier tipo e intensidad. En NAET se utiliza una serie de procedimientos de diagnóstico y tratamiento de diferentes disciplinas como acupuntura, acupresión, kinesiología aplicada, alopatía, quiropráctica y nutrición".

En el sitio busqué el consultorio más cercano, que estaba a 40 minutos, en Houston, y la Dra. June nos dio la cita con la única condición para atendernos de que leyéramos el libro de NAET antes de ir a la primera consulta. Ya leído el libro fuimos a la primera cita para Diego. Para poder atender a los niños tiene que haber una persona adulta llamada "persona sustituta" o "*surrogate*" para la terapia.

La persona tiene que estar junto al menor y el niño siempre debe estar conectado a ella, tocándole la mano o alguna parte del cuerpo, y con kinesiología hacen pruebas musculares con el brazo para poder ver la sensibilidad a ciertos elementos diluidos en un frasco de vidrio con agua, empezando con los elementos más pequeños como vitaminas, minerales y calcio, entre varios elementos. Poco a poco va subiendo a elementos más complejos para cubrir las alergias que presente el paciente.

Después de reconocer a qué se tiene sensibilidad, con un aparato que cepilla a los lados de la columna vertebral con un ruido como de toquecitos eléctricos, siempre teniendo contacto con el recipiente de vidrio, el menor tiene que cargar el frasco unos minutos con cronómetro. Al final vuelve a revisar si se ha quitado la sensibilidad. Durante 25 horas o más no se puede consumir ni estar cerca de ningún alimento que tenga el elemento o alérgeno probado.

Mis hijos mejoraron increíblemente. Paola antes del tratamiento comía algún tipo de pasta y al otro día ya estaba tosiendo. Diego pasó más de dos años sin que le diera ningún episodio de asma.

La doctora se mudó a Dallas y posteriormente a Hong Kong, por lo que dejamos de asistir, además de que los niños habían mejorado después de un año. Al no terminar el tratamiento, mi hija y con crisis de tos constante, encontré otro doctor, retomamos el tratamiento NAET con el Dr. Chan, que también es de origen chino. La consulta de una hora tiene un costo de $75.00 dólares.

También mucha gente asistía con un doctor de origen chino que recomendaban, pero su técnica de desnudar por completo al paciente no es atractiva ni cómoda. El doctor pellizca la espalda y algunos meridianos en menos de 15 segundos, ajustando y balanceando la energía. La primera consulta tiene un costo de $300.00 dólares y las consultas subsecuentes, $150.00 dólares por menos de 10 minutos en su consultorio. Esta técnica aparte de incómoda no nos funcionó a nosotros.

Terapia enzimática

Tuve la oportunidad de conocer al Dr. Bastidas, que es un experto en enzimas y análisis de laboratorio apoyado por estudios clínicos en la Universidad de Baylord. Mi intención era que nos explicara en qué consistía la terapia enzimática para ver si le funcionaba a Paola. En la primera consulta nos explicó detalladamente el proceso digestivo por el cual se generan las alergias: los nutrientes que se absorben tienen que estar lo suficientemente pequeños para entrar al sistema circulatorio, cuando empiezan a filtrarse elementos más grandes nuestro sistema inmunológico los cataloga como agresores y se empiezan a defender de ellos. Todo este proceso tiene que ver con los químicos que tienen los alimentos que estamos consumiendo que no le sirven al cuerpo, los cuales generan que el cuerpo esté inflamado. La terapia enzimática ayuda al cuerpo a hacer chiquito el alimento, además de que tiene un proceso antinflamatorio. Le pedí a mi esposo que me acompañara a la consulta de mi hija.

Después de la pésima experiencia de mi esposo con el cardiólogo de Houston le preguntó al doctor acerca de los resultados del laboratorio y dudas sobre ciertos marcadores. El doctor le mandó hacer estudios de sangre para detectar las alergias a mi hija y a mi esposo. Tardaron aproximadamente dos semanas y regresamos a verlo. Lo que nos gustó es que no fue la típica cita de 10 minutos con doctores estadounidenses; con el Dr. Milton fueron casi dos horas de explicarle a David marcador por marcador de dónde venía la deficiencia, con qué vitamina o sustancia se podía curar, cuáles eran las causas y consecuencias, los alimentos que debía quitarse, cuáles consumir y de preferencia orgánicos. Los primeros 21 días iban a ser casi una dieta vegetariana junto con todas las enzimas, y posteriormente evitar los alimentos alérgenos y seguir una dieta balanceada. Mi esposo no bajó mucho de peso pero lo que sí fue sorprendente fue que la gente le comentaba que lo veía más delgado, dejando claro que se estaba desinflamando.

Mi hijo Diego tuvo una crisis de tos después de su operación de las amígdalas y el doctor nos había recomendado la enzima Proteasa como antinflamatorio natural, y en un día se le quitó la tos, casi milagrosamente, con varias cápsulas de proteasa.

Todos en mi familia seguimos con el tratamiento enzimático, le comentamos de la terapia de NAET que íbamos a retomar para mi hija Paola y nos dio luz verde para complementar las diferentes terapias.

Aceites esenciales y aromaterapia

Es una disciplina terapéutica que aprovecha las propiedades de los aceites esenciales extraídos de las plantas aromáticas, para restablecer el equilibrio y armonía del cuerpo y de la mente para beneficio de la salud. Los aceites esenciales pueden ser ingeridos (aunque no todos pueden serlo), inhalados o aplicados en cierta zona del cuerpo. Cada uno de los aceites esenciales es un estimulante terapéutico, calmante, sedante o energizante . Cuando se inhala una molécula de aceite esencial, se desplaza a través del paso nasal a una neurona receptor que lo transporta hasta el cerebro límbico, especialmente a el hipotálamo. El centro límbico en el cerebro se encarga de controlar todas las respuestas físicas, psicológicas y emocionales que el cuerpo realiza basada en estímulos procedentes del exterior. Por lo tanto, la capacidad de los aceites esenciales para orientar el centro límbico los hacen una herramienta poderosa en el tratamiento de muchas dolencias de salud.

Terapias energéticas

Las Terapias de tipo energético han causado mucha controversia porque a veces suceden situaciones que no tienen explicación científica, por lo que recomiendo que siempre que alguien quiera tomar un curso o una terapia investigue la reputación del terapeuta o de la persona que va a impartir el curso.

Thetahealing

Es una meditación. Se llega a un estado de relajación en el que se pretende acceder a las ondas theta; se trabaja con el inconsciente de la persona que va a tomar terapia. Con Thetahealing se pueden cambiar creencias, se resuelven problemas y además se pueden sanar muchos padecimientos tanto emocionales como físicos. Su creadora, Vianna Stibal, escribió un libro con el procedimiento de su técnica con varios testimonios de sanaciones, incluyendo la suya, de un tumor en la pierna.

Mis amigas *"thetahealers"* me han acompañado en este camino del conocimiento y apertura de conciencia, varias de ellas han avanzado desarrollando una intuición sorprendente, convirtiéndose en extraordinarias terapeutas que ayudan a su familia o incluso dan terapia al público en general.

Tres Diamantes: sanación energética con toque cuántico

Esta terapia se enfoca en el sistema inmunológico, realizando la respiración en tiempos y se focaliza en los puntos que forman el diamante en las diferentes partes del cuerpo. En esta terapia el paciente no se puede dormir, ya que interactúa con la respiración y va diciendo sus sensaciones o comentarios sobre lo que está sintiendo.

Barras o acupresión cerebral

Esta técnica utiliza las manos del terapeuta en la cabeza del paciente. Con una serie de posiciones de las manos se activan los 32 puntos de energía que corren a través y alrededor de la cabeza. Almacenan los componentes electromagnéticos de nuestros pensamientos, ideas, actitudes, decisiones y creencias que se han tenido conformando a lo largo de la vida. También permite relajarse de inmediato, y por lo tanto, combatir las enfermedades causadas por el estrés. Además es una excelente herramienta de autosanación. Es muy recomendable para tratar desórdenes neurológicos, ya que activa las neuronas y permite que la corriente electromagnética cerebral se restablezca y se balancee.

La energía del cuerpo corre ya sin bloqueos una vez que se activan los puntos, permitiendo que se den cambios en todos los aspectos. Lo peor que puede pasar es la sensación como si se hubiera ido a un SPA y vivido una sesión de relajación total.

Todas las terapias de energía siempre empiezan siguiendo los siguientes pasos:

"Silenciamiento", el cual se obtiene meditando y teniendo paz.

Protección e invocación: cada persona hace uso de sus creencias religiosas para pedir protección y ayuda con la terapia.

Intención: lo que se quiere obtener con la terapia.

Dentista

Generalmente visitar al dentista en Estados Unidos significa desembolsar una gran cantidad de dinero. Comparando precios entre los dos países, cuando a un niño se le pone el separador en México tiene un costo de $5,000.00 pesos, un separador aquí en Estados Unidos sale en unos $2,500.00 dólares. Una limpieza está cotizada en $170.00 dólares mientras que en México en la franquicia Dentalia tiene un costo de $800.00 pesos: sale cuatro veces más caro, con la misma calidad y pulcritud.

Los doctores de ambos lados de la frontera tienen el mismo nivel de conocimiento y el nivel de calidad de los separadores y frenos es igual. La única diferencia es que los servicios que requieren mano de obra especializada son mucho más costosos en Estados Unidos que en México.

Nacimientos en México y en Estados Unidos

Vivimos en la ciudad de Nueva York por cuestiones de trabajo de David. Antes de que regresáramos a México me embaracé, en octubre de 2004, y durante tres meses visité al ginecólogo en la Gran Manzana. No tuve ninguna queja, pero con la enfermera afroamericana que me sacó sangre sí; fue una tortura tener sus uñas postizas de más de tres centímetros, que me recordaron a Niurka, la vedette cubana, revisando mi brazo tratando de encontrar mi vena. Lo único que pensaba era en si se había lavado las manos, y en que no me fuera infectar porque no traía guantes. Pero, siendo primeriza, me limité a poner mi cara de enojo y cuando me quité la curita pude ver el maltrato que concretó con un moretón gigante. Fuera de esta mala experiencia, el ginecólogo fue amable y contestó a todas nuestras preguntas, hasta que fuimos transferidos a la Ciudad de México.

Las experiencias de mis amigas en Nueva York no fueron positivas comparadas con lo que se vive en México. Te pueden dejar en labor de parto hasta 36 horas con dolor. Si te realizan una cesárea te pueden dar tylenol para la molestia de la cirugía.

No existe la garantía de tener un cuarto privado. Aunque lo pidan y lo puedan pagar, si no tienen lugar el día que nazca el bebé, le va a tocar un cuarto compartido con desconocidos. Al bebé no se lo llevan a un cunero, lo dejan todo el tiempo junto a la mamá.

En Woodlands, según la experiencia de algunas amigas y dependiendo del hospital, la historia es satisfactoria. El St. Luke's es lo más parecido a un ABC de Santa Fe: la seguridad, la atención, los cuartos privados, pero sobre todo no dan tylenol para el dolor de la cirugía.

Inflexibilidad en las reglas

Cuando llegamos en 2010, nos pidieron la cartilla de vacunación para inscribir a Diego en la Escuela Pública de Creekside Forest Elementary. En el estado de Texas te piden que las vacunas se hayan suministrado en fechas específicas, y a Diego se las habían puesto unos días antes de esa fecha, por lo que tajantemente la enfermera dijo que se la teníamos que volver a poner. En una ciudad nueva, con un sistema escolar nuevo, de inmediato hicimos la cita para que le pusieran en su piernita la vacuna. De haber sabido todo lo que sé ahora sobre las vacunas hubiera pensado hacer lo que algunas amigas inteligentemente hicieron; hablarle al pediatra de México y pedirle de favor que sellara la vacuna que, irracionalmente, querían que se repitiera por sólo unos cuantos días de diferencia. A Diego se le inflamó la pierna, le dio calentura y no había necesidad de volverle a meter el virus que ya tenía en su sistema inmunológico.

Durante su operación de las amígdalas y adenoides me dieron varios justificantes para las faltas de la escuela. Lo operaron un miércoles antes de entrar a clases, y el justificante decía que podía regresar 15 días exactos después de la cirugía. El doctor nos comentó que si se sentía mejor podía regresar antes. Entonces, el jueves de la siguiente semana decidí mandarlo, porque ya hablaba, se sentía muy bien y ya era demasiado el tiempo que pasaba con los aparatos electrónicos. (Cabe mencionar que el árnica que la Dra. Brenda Plascencia (homeópata) le recetó a Diego disminuyó la inflamación, lo cual aceleró su proceso de recuperación.) A la media hora recibí la llamada de la enferma escolar diciendo que Diego no podía estar ahí porque el doctor había puesto otra fecha de regreso; yo le expliqué que el mismo doctor me había dicho que si se sentía mejor podía regresar antes y la enfermera me dijo que le urgía un fax del consultorio del doctor para comprobar lo que yo estaba diciendo. Le mandé un texto al doctor, al cual no le gusta que le marquen al celular, y me dijo que me comunicara al consultorio al sistema de opciones telefónicas. Después de "opción uno, opción dos, apriete el cuatro, apriete el ocho, espere en la línea para ser atendido" les pedí que enviaran el fax a la escuela y les hablaran por teléfono.

La asistente del doctor se tardó en llamar y mandar el fax por lo que recibí unas tres llamadas de la escuela hasta que finalmente les llegó la aprobación ("release") del doctor.

Aquí el papelito habla, y se protegen de cualquier eventualidad; no es suficiente la palabra de la mamá, y es inconcebible pensar mandar a mi hijo si yo no hubiera estado segura de que ya se había recuperado y podía ir a la escuela.

5. Texas: Estado de oportunidades con herencia e historia hispana

Texas es el segundo estado con mayor población en Estados Unidos después de California. El producto estatal bruto de Texas es el segundo más grande del país, también después de California, con 1,648,007 millones de dólares.

Comparándolo con otros países, es mayor al PIB (producto interno bruto) de España, Australia y Korea del Sur.

Si fuera un país independiente, con datos del 2014, Texas sería la doceava economía del mundo medida por el PIB según el Fondo Monetario Internacional.

Español, segundo idioma más hablado en el mundo

El español lo hablan alrededor de 405 millones de personas, después del chino, que cuenta con 1,051 millones de personas; en tercer lugar está el inglés con 350 millones de personas: el más importante del mundo, adoptado como segundo o tercer idioma y considerado el idioma universal, principalmente de negocios.

El español es el idioma oficial en España, México y casi todos los países de Sudamérica y Centroamérica. Además, en Estados Unidos la población hispana es bastante considerable: alrededor de 50 millones de personas lo hablan. Estados Unidos en el segundo país del mundo con mayor número de hispanoparlantes después de México.

El español se habla en más de 23 países como idioma oficial:

Argentina

Bolivia

Chile

Colombia

Costa Rica

Cuba

Ecuador

El Salvador

España

Guatemala

Guinea Ecuatorial

Honduras

México

Nicaragua

Panamá

Paraguay

Perú

Puerto Rico

República Dominicana

Uruguay

Venezuela

Guinea Ecuatorial (Continente africano)

Sahara Occidental (Continente africano)

Países donde el idioma no es oficial pero es hablado o aprendido como segunda lengua o lengua extranjera:

Estados Unidos

Brasil

Italia

Filipinas

Francia

Canadá

Marruecos

Belice

Andorra

Gibraltar

En Estados Unidos el idioma español tiene un peso importante en todo el país.Se tiene una población de más de 50 millones de personas que lo hablan, aproximadamente más del 15% de la población total: uno de cada seis residentes en el país (esta cifra no incluye a los hispanos indocumentados, que son alrededor de 9 millones).

Según datos del censo de 2010 la distribución porcentual por estado de personas hispanas en Estados Unidos es la siguiente:

California 27.8%

Texas 18.7%

Florida 8.4%

Nueva York 6.8%

Illinois 4.0%

Arizona 3.8%

Nueva Jersey 3.1%

Colorado 2.1%

Todos los demás estados 25.4%

Concentración de hispanos que hablan español en Estados Unidos en 2014:

Nuevo México (994.151) 47.67%

California (14.988.768) 38.63%

Texas (10.411.340) 38.62%

Arizona (2.056.455) 30.55%

Nevada (790.034) 27.83%

Florida (4.788.869) 24.07%

Colorado (1.135.109) 21.19%

Nueva Jersey (1.729.172) 19.35%

Nueva York (3.672.791) 18.60%

Illinois (2.152.974) 16.71%

Connecticut (541.152) 15.05%

Rhode Island (148.095) 14.04%

Utah (398.760) 13.55%

Oregón (496.789) 12.51%

Washington (858.779) 12.16%

Idaho (196.502) 12.02%

Kansas (329.627) 11.35%

Massachusetts (731.206) 10.84%

Una situación que no entiendo ni comprendo es la cerra-zón de algunos estadounidenses de aprender otro idioma; y, en el caso de Texas, el español. En algunos países europeos algunas veces se llegan a hablar cuatro idiomas: éstas habilidades se deben ver como un plus económico, sin contar lo social o cultural. Esto no les interesa a los anglosajones, pero si fueran visionarios sabrían que por lo menos en Houston los hispanos serán mayoría para el año 2044, y tendrían la ventaja de aprovechar mejor a un mercado dominante.

Los hispanos superarán el 50% de los residentes de Texas y serán de nuevo mayoría, 200 años después de la anexión del estado a Estados Unidos, ya que este grupo había sido superado por los anglosajones.

Bilingüe y bicultural

Uno de los regalos que se les otorga a los niños cuando vienen a vivir a Estados Unidos es la biculturalidad. No solamente van a hablar y escribir perfectamente en inglés, van a poder desarrollarse, entender las dos culturas. Saber moverse entre ellas como pez en el agua es una ventaja que no muchas personas tienen y se espera que tomen lo mejor de cada una. Por eso siempre recomiendo que se les siga hablando español en la casa: es otro regalo el tener dos idiomas, ya que algunas familias por distintas razones prefieren utilizar únicamente el inglés, aun con el acento marcado de México o de cualquier país de Latinoamérica. Pensando en lo que cuesta aprender un idioma nuevo pudiendo tenerlo gratis en tu casa, aparte de ser la herencia de los padres, sería un desperdicio no aprovecharlo.

El ser perfectamente bilingüe no garantiza en el ámbito de los negocios el éxito, pero el entender la manera de pensar del estadounidense es un logro. Algunos negocios de mexicanos no llegan a triunfar porque les falta este entendimiento; es una realidad que el proceso mental, gustos, la manera de tomar de decisiones es diferente incluso en las distintas regiones dentro de Estados Unidos.

Herencia hispana en Estados Unidos

Por otro lado, la herencia mexicana en Texas se palpa en la comida *Tex Mex*, de la cual no soy adepta: los burritos, los tacos, enchiladas, arroz, quesadillas con queso amarillo (la cuales son una fusión entre la comida norteña mexicana y la texana).

Las ciudades y estados con nombres de origen hispano confirman la herencia hispana, como:

Galveston, que viene del gobernador español Bernardo de Gálvez y Madrid, fundador de esta ciudad.

Amarillo: un pueblo localizado en Texas que originalmente se llamaba Oneida y que recibió este nombre por el color amarillo de la orilla del lago Amarillo.

San Antonio, que debe su nombre a fray Antonio de Olivares, quien durante la época de la Conquista española fundó la misión de San Antonio de Valero.

Texas: viene de una tribu que hablaba la lengua Caddo. La palabra *"taysha"* que la pronunciaban *"tejas"* deriva en Texas.

Los Ángeles: pobladores de México se establecieron en el lugar y lo llamaron "El pueblo de Nuestra Señora la Reina de los Ángeles del Rio de Porciúncula" en honor a la Virgen María.

San Francisco: a finales de 1776, el misionero franciscano Franciso Palou fundó la Misión de San Francisco de Asís en la ciudad. Primero se llamaba Yerba Buena y después de la batalla entre México y Estados Unidos en 1846, en la que

México pierde la ciudad, al siguiente año, fue nombrada San Francisco.

San Diego: en 1602 el explorador y diplomático Sebastián Vizcaíno le puso el nombre de San Diego tanto a la bahía como al área de la ciudad Moderna.

Las Vegas: el explorador y comerciante mexicano-español Antonio Armijo estaba buscando una nueva ruta comercial entre Nuevo México y Los Ángeles; llegaron a una zona fértil que tenía manantiales que creaban grandes áreas verdes que contrastaban con el desierto y le llamaron: "Las Vegas".

California: el nombre nace de una novela de 1510, situada en un lugar imaginario parecido al Paraíso, por lo que cuando la descubren, la relacionaron y le pusieron el nombre.

Colorado: lo toman del color del río, evidentemente rojizo.

Florida: el nombre se refiere a que fue descubierta el día de Pascua de 1513, haciendo referencia a la Pascua Florida.

Montana: viene de la palabra "montaña" y en 1864 fue propuesto por un congresista de Ohio.

New México: viene de "Nuevo México", que se deriva del nombre de la ciudad azteca de *Mexihco*.

Utah: viene de la palabra apache *"yudah"* (alto), que en castellano se decía "yuta" y que terminó adaptándose como Utah.

Según la BBC de Londres, a los hispanos les va mejor en ciudades en crecimiento con costos de vivienda bajos y se concluyó que las 10 mejores ciudades para los hispanos en Estados Unidos son: Jacksonville (Florida), San Bernardino (California), Baltimore (Maryland), Houston (Texas) y Washington DC. La investigación se realizó en 52 ciudades principales y tomó en cuenta: la propiedad de viviendas, el nivel de emprendimiento, negocios propios, ingresos medios de los hogares, que indican el éxito de la clase media.

Estereotipo del mexicano de The Woodlands

Con la desbancada de mexicanos que han llegado a través de los años a The Woodlands ya se formó un estereotipo en la mente de los estadounidenses;

Son personas que generalmente vienen legales.

Gente con estudios de carrera o posgrados.

Pueden comprar las casas al contado, si así lo desean, o aprovechar las tasas tan bajas en Estados Unidos.

No son personas que vienen a cortar el pasto, lavar platos o limpiar las casas, aunque existe una coexistencia de los dos estereotipos de mexicanos.

Tienen carros lujosos, generalmente deportivos, que en México no pueden tener debido a la inseguridad.

Hacen deporte y generalmente toda la familia está involucrada en actividades deportivas.

Viajan constantemente a México o a otros continentes y tienen casa en Colorado o en algún otro *resort* para esquiar.

Las mujeres tienden a cuidarse y arreglarse más que las anglosajonas.

Al estar acostumbrados a escuelas privadas mexicanas, los padres de familia mexicanos en un principio no se involucran con las actividades de la escuela pública por diversas razones, con la triste conclusión por parte de la comunidad anglosajona de que los mexicanos o hispanos se aprovechan del sistema educativo estadounidense.

Estatus migratorio

Para tomar la decisión de vivir en Estados Unidos se tiene que considerar a qué estatus migratorio legal cada familia puede acceder. Existen varios tipos de visa: cada una con ciertos requerimientos: si se desea un estatus ya permanente, está la *greencard* para obtener la residencia y posteriormente la ciudadanía. Lo que no se debe de hacer es venir con la visa de turista y esperar a que se percate la oficina de migración, ya que una de las consecuencias es no volver a entrar a Estados Unidos en por lo menos 10 años.

Tipos de visa

Visas de No Inmigrante

Visa de inversionista

Las visas de Comerciante (E-1) y las visas de Inversionistas (E-2) son visas de no inmigrante para ciudadanos de un país con el que Estados Unidos mantiene algún tratado o acuerdo de comercio y que desean venir a Estados Unidos para alguno de los siguientes propósitos: llevar a cabo actividades sustanciales de comercio, principalmente entre Estados Unidos y su país: o para desarrollar y dirigir operaciones de una empresa en Estados Unidos en donde el ciudadano ha invertido o está en el proceso de invertir una cantidad considerable de capital (E-2).

Estados Unidos y México entraron al Tratado de Libre Comercio de Norte América en 1994. Para poder solicitar una visa tipo E, los ciudadanos mexicanos deben poseer al menos el 50% del negocio y deben desarrollarlo y dirigirlo activamente.

Visa para estudiantes

La ley de inmigración provee dos tipos de categoría de visas para estudiar en Estados Unidos: la "F", visa para estudios académicos; y la "M", visa no académica o para estudios vocacionales. Para obtener una visa de estudiante, primero se debe aplicar a y ser aceptado en una escuela de Estados Unidos. Una vez que es aceptado, la escuela envía la forma I-20 o I-20M, la cual debe presentarse para poder solicitar la visa.

Visa de trabajo

Las visas H, L, O, P, y Q permiten trabajar en Estados Unidos. Todos estos tipos de visas requieren que la compañía u organización contratante tramite primero una petición ante el Departamento de Servicios de Inmigración y Ciudadanía de Estados Unidos (U.S. Citizenship and Immigration Services), perteneciente al Departamento de Seguridad Interna de la Unión Americana (U.S. Department of Homeland Security) para poder obtener el permiso de trabajo.

Visa H: La visa H está creada para permitir trabajar temporalmente en Estados Unidos. Para la mayoría de los solicitantes, este tipo de visa permite entradas múltiples en un periodo de un año. A las personas cuya nacionalidad sea diferente a la mexicana se les puede requerir pagar una cuota adicional, dependiendo de su país de origen.

Nosotros obtuvimos la visa H cuando vivimos en Nueva York. Esta visa no permite que el cónyuge trabaje, mientras que con la visa L sí es posible.

Visa L: Este tipo de visa es utilizado por personas que serán transferidas a Estados Unidos por su compañía para trabajar en alguna sucursal o subempresa de la misma. Los solicitantes deben cubrir un puesto gerencial o ejecutivo, o tener un tipo de conocimiento especializado y haber estado contratado por la misma compañía o empresa durante un determinado periodo consecutivo (por lo menos un año de los tres previos a la solicitud de visa).

Visa para empleadas domésticas

Empleadas domésticas o personales quienes estén acompañando o siguiendo a su patrón a Estados Unidos son elegibles para obtener visa clase B1. Esta categoría de personas incluye a cocineros, choferes, empleadas domésticas, mozos, niñeras, jardineros y asistentes en cuidado personal.

Acompañando a un poseedor de visa de No Inmigrante.

Empleadas domésticas o personales quienes estén acompañando o buscando reunirse con su patrón para entrar o que ya estén en Estados Unidos con visas tipo B, E, F, H, I, J, L, M, O, P, Q o R. Pueden ser elegibles para la visa tipo B1, considerando lo siguiente:

1.   La empleada doméstica ha trabajado para el mismo patrón fuera de Estados Unidos por al menos un año previo a la fecha de admisión a Estados Unidos.

2.   El patrón tiene residencia fuera de Estados Unidos, la cual no tiene intención de perder.

Residencia permanente o *greencard*

Existen varias maneras de obtener la Residencia permanente, entre ellas es la posibilidad de que reclame algún familiar que ya es ciudadano a sus padres, hijos y hermanos.

También se puede obtener por una oferta de empleo permanente, realizar inversiones en empresas que creen nuevos empleos, extranjeros con habilidades excepcionales, cuando se tiene el estatus de refugiado o asilado.

Vía de Inversión EB5 para obtener la residencia o *greencard*

Varios mexicanos han estado utilizando la vía de inversión EB5. Bajo este, programa además del inversionista, el cónyuge y los hijos menores de 21 años tienen acceso a la *greencard*.

Los requerimientos son aportar el capital necesario en una corporación comercial en Estados Unidos y crear 10 empleos permanentes para trabajadores estadounidenses. Siempre se tendrá el riesgo que el proyecto no prospere y, como en cualquier inversión, se puede perder el capital. Se tiene que realizar una investigación detallada, porque ya han existido algunos fraudes con este tipo de proyectos.

La inversión mínima es de $500,000.00 dólares en un centro regional por 5 años: el monto se devuelve al término de los cinco años con un pequeño interés.

La cita generalmente es en el Consulado de Ciudad Juárez.

Ciudadanía

Después de haber vivido cinco años en Estados Unidos como residente se tiene derecho a tramitar la ciudadanía. En el link http://www.uscis.gov/citizenship/learners/apply-citizenship están los pasos para el procedimiento en la obtención de la ciudadanía.

Se llena la forma N-400, se envía a la oficina de Dallas, por vivir en Texas, y si todo está correcto te mandan una carta de que la solicitud ha sido aprobada.

Posteriormente otorgan una cita para tomar las huellas digitales y la foto del rostro, además dan la guía y el CD de estudio para el siguiente paso, que es la entrevista.

En el penúltimo paso te envían el día, la hora y la dirección en donde se llevará a cabo la entrevista. Ilusamente pensé que el examen de conocimientos era de opción múltiple, que con unas cuantas leídas iba a ser fácil aplicar el "de tín marín de do pingüé"; afortunadamente unos amigos acababan de hacer su examen y me aclararon que era oral.

¡Cómo!, ¿oral? ¡Qué horror! Me estresé y los tres días que faltaban me puse a estudiar. Aun así, considerando que iba preparada, los nervios estaban a la orden del día. Llegamos a la cita, nos registramos y nos sentamos a esperar a que nos llamaran.

Yo solamente pedía que me tocara una hispana y no una afroamericana; el problema con las afroamericanas es el acento que algunas veces no se les entiende.

Sale una afroamericana vestida con un traje sastre de pantalón azul marino y con voz fuerte dice "Perla Ariadna Soto García, *please come with me*".

¡Ya estuvo que no voy a entender nada! La seguí por un pasillo interminable hasta que llegamos a su oficina, cerró la puerta y parada me hizo jurar que solamente iba a decir la verdad con mi mano derecha levantada.

Empezó preguntándome si me iba a cambiar de nombre. "Sí", le respondí, "ahora solamente quiero llamarme Perla Soto". Es complicado tener dos nombres y dos apellidos en Estados Unidos. Siguieron las preguntas de mi dirección, mis hijos, si era casada, varias preguntas de rutina.

Posteriormente llegaron las seis preguntas de conocimientos entre ellas:

¿Cuál es el nombre del Himno Nacional?

Star Spangled Banner

¿En qué año fue la Declaración de Independencia?

1776

¿Cuál fue el primer presidente de Estados Unidos?

George Washington

Y así es el procedimiento hasta que se completan seis respuestas correctas, si se responde alguna pregunta con error siguen preguntando. Me hizo leer una frase en inglés y escribir un número con letra. Todo iba perfecto hasta que empezó a preguntar las escabrosas preguntas como:

¿Has pertenecido a algún grupo comunista? NO.

¿Has pertenecido a algún grupo terrorista? NO.

¿Has participado en un genocidio, tortura o has matado a alguien? NO, NO y NO.

¿Si la ley lo requiere estás dispuesto a tomar las armas para defender a Estados Unidos? Titubeando, dije sí.

Al terminar me dio las gracias y me dijo:

"Voy a emitir una recomendación para que obtengas la ciudadanía".

Saliendo me encuentro a mi esposo y me dice qué contestaste cuando te preguntaron tu *social security number*, "nada, porque a mí no me lo preguntaron". Y qué bueno porque no me acordaba de él. Salimos para esperar la fecha de la ceremonia de la Ciudadanía.

El último miércoles de cada mes realizan la Ceremonia con un juez en un estadio de Houston.

Nos tocó hacer el juramente el miércoles 23 de septiembre de 2015. Nos habían citado a las 7:00 AM, llegamos 8:15 AM en la puerta Oeste con ventanilla 7. Como Ley de Murphy, era la más larga y además se metieron en la línea gente fingiendo no entender inglés. Al llegar con la persona encargada, piden la *green card*, registran a la persona, enseñan la carta de naturalización de cada persona y le dan a cada persona un paquete con un registro para el pasaporte, una bandera, la Declaración de Independencia, un almanaque y una carta del Presidente Barack Obama dándote la bienvenida.

Era claro que los demócratas están tratando de naturalizar a la mayor cantidad posible de ciudadanos para las siguientes elecciones, en las cuales en ese momento Trump estaba liderando las encuestas republicanas. Nos entregaron un papel donde te registras para el voto de la siguiente elección federal.

Te piden que pases al estadio para tomar asiento, se canta el himno nacional, se recita la promesa de lealtad a la bandera y se realiza el juramento.

La piel se me puso chinita. ¡SÍ! Es una emoción encontrada junto a otra: para muchos es un sueño, un logro, una realización; para otros, un trámite. Para nosotros, una mejor vida para la familia, viendo cómo se desmorona mi México lindo y querido entre la corrupción, inseguridad y desigualdad. Al final entregan tu carta de naturalización con el nombre que elegiste.

La mano de obra barata

Recién llegados a Creekside en The Woodlands, estaba construida una octava parte de lo que está construido ahora: todo era bosque con venados caminando por la noche. Mapaches buscando comida, de vez en cuando haciendo nidos en algún recoveco de las casas con el inminente temor de los dueños a una infestación. Las ardillas son parte del paisaje cotidiano así como los armadillos, que cruzan las calles durante la noche. Desafortunadamente las veces que se pueden observar con detenimiento son a causa de atropellamientos por parte de los automovilistas. Es lo más triste ver el cuerpo de un venado, armadillo, conejo o cualquier otro animal silvestre.

En mi casa tuvimos la experiencia de una mapache que, creemos, estaba embarazada. Se acurrucó en la terraza y le pusimos música, le golpeamos las ventanas, le gritamos y nada de esto la hacía moverse, no se iba a quitar. No existe un número telefónico donde gratuitamente te resuelvan el problema de allanamiento por parte de la vida salvaje. David fue el valiente con la escoba pero eso no era suficiente, el animal se estaba molestando y nada más de ver las tremendas garras tuvo que cambiar de estrategia. Abrió el paso de la manguera de agua, fue la solución para que se fuera de nuestro jardín. Estos animalitos silvestres se podrán ver tiernos pero nunca se sabe si traen enfermedades y además enojados son muy violentos.

Poco a poco nos hemos acabado el bosque para la construcción de más casas, esparciéndonos como un virus que acaba con la naturaleza.

El único pero que yo le pondría a todo Woodlands es que a excepción de los *"bike pads"* (andadores para bicicletas y para correr) no construyan banquetas. Es una verdadera lástima que para caminar las personas lo tengan que hacer literalmente en la calle porque la otra opción sería estar caminando sobre el pasto de cada vecino. Es algo que no entiendo, porque no lo hacen. Es muy común en los suburbios no tener banquetas. En la ciudad de Houston sí existen las banquetas como en cualquier ciudad del mundo.

Algunas calles se vuelven muy agostas cuando alguien decide realizar una reunión o fiesta y nada más queda un carril disponible por todos los carros estacionados, entonces se complica aún más caminar en la calle.

En el verano de 2009, todas la mañanas escuchábamos el golpeteo de los martillos y el ruido de las construcciones aledañas. A medio día los camiones adaptados para vender comida sonaban sus chicharras para que los albañiles salgan a comprarles la comida del día. Casi todos los trabajadores son hispanos, con mayoría mexicana.

El camión que generalmente se paraba en nuestra zona era el que tenía el letrero de "La Morena" y en su interior manejaba una acapulqueña junto con la cocinera. El menú era vasto con tacos de bistec, gorditas, frijoles, sopes, tamales, una variedad de comida mexicana.

Existen muchas concesiones de camiones para dar servicio de comida alrededor de las construcciones.

Los comentarios de Donald Trump durante 2015 fueron sacando el racismo que estaba escondido y era políticamente incorrecto, han salido con su "permiso" los racistas del clóset. Diciendo que México envía a Estados Unidos México violadores, criminales y narcotraficantes, ha despertado en su campaña las fibras del racismo, así como también se ha visto una unión hispana al pedirle a establecimientos que corten las relaciones con este señor. Macy's, NBC, UNIVISION, Televisa, Ora TV, Farouk Systems, Serta, Rabbit Cervecería y empresas de golf, entre otras, marcaron un distanciamiento al principio de su campaña electoral. Además de que muchas concursantes latinas del evento Miss Universo decidieron no asistir en 2015 y, como consecuencia, Trump vendió los derechos de este concurso y ya no es su propietario.

La clase trabajadora hispana ha sido muy maltratada por estos comentarios, la doble moral que se maneja entre que no quieren que los inmigrantes estén en este país pero sí se ven beneficiados ya sea porque los emplean o porque consumen los productos en que la mano de obra hispana está involucrada. Un claro ejemplo es la casa donde viven: el 95% de la construcción es realizada por hispanos, en su mayoría mexicanos, y cuando llegas a una construcción se escuchan las cumbias o música ranchera con gritos en español. Cuando llega la hora del *lunch* se escucha el camión ofreciendo comida mexicana: comida corrida y tacos.

Algunas nanas que no hablan perfectamente el inglés cuidan a los hijos de los estadounidenses mientras trabajan.

Los jardineros que podan el césped y plantan los árboles en todo The Woodlands son hispanos, en su mayoría. En las cocinas de los restaurantes se escucha el español junto con la música mexicana y algunos meseros son hispanos. En lo personal considero que el servicio es mucho mejor que el de un mesero estadounidense y la razón es sencilla: seguramente el estadounidense tiene el sueño y el propósito de que va a ser el dueño del restaurante, mientras que el hispano todavía no sueña tan alto, simplemente está contento y agradecido de servir a la gente para poder mandar su dinero de regreso a su país. Ojalá eso cambie en el futuro.

Todo lo que comen, las casas donde viven y los trabajadores que contratan son trabajadores migrantes; y sin embargo ahora quieren que se regresen a su país de origen.

¿Qué sería de este país sin esta mano de obra barata?

Las casas serían mucho más caras porque la mano de obra se encarecería.

No habría restaurantes con el nivel y la limpieza característica de los hispanos. Los mismos hoteles de Trump se quedarían con las camas destendidas, sin aspirar, sin limpiar y sin *room service*. El turismo en algunas ciudades se vería afectado por la falta de personal.

6. El voluntariado

Organización de padres de familia o PTO (Parent-Teacher Organization)

Al ingresar a cualquier escuela pública se les invita a todos los padres de familia a pertenecer al PTO de la escuela, que significa Parent-Teacher Organization, parecido a una Sociedad de Padres de Familia.

El PTO es una organización que al interior tiene un(a) presidente(a), vicepresidente(a), secretario(a) y tesorero(a) con términos generalmente de uno o dos años, pudiendo reelegirse según los estatutos internos de cada asociación. Son organizaciones sin fines de lucro en las cuales se trabaja voluntariamente sin percibir ninguna remuneración. Usualmente son las mamás las que toman todas las posiciones disponibles como voluntarias. Mi experiencia en la Escuela Timber Creek Elementary ha sido la de un gran aprendizaje de la cultura estadounidense.

Cada año existen dos recaudaciones: la de otoño y la de primavera. En la de otoño mandan en octubre a cada niño de la escuela un sobre con una notificación explicando el *"Circle of Friends"* o "Círculo de amigos" con una fecha límite para regresarlo con el donativo voluntario. El monto lo dividen en $50.00 o $100.00 dólares, pero se pueda donar cualquier cantidad.

En el mismo sobre viene la invitación al *"Monster Mash"*, que es un evento de Halloween en donde organizan muchos juegos, realizan una librería embrujada, venden comida, bebidas y al final un desfile con los mejores disfraces.

La segunda recaudación es el *"Dash and Bash"*, en primavera. Envían en marzo un escrito explicando lo que va a tener el evento; es el más grande y vistoso. Cada año vi una mejora en la organización y realización de la recaudación

El *"Dash"* consiste en un evento durante el horario escolar en el cual los estudiantes estarán corriendo y caminando durante cierto horario correspondiente a cada grado. El propósito de esta carrera es promover la salud, bienestar y diversión, pero no estará cronometrada. Los estudiantes que no puedan caminar o correr podrán participar en otras actividades. Todos los estudiantes de Timber Creek pueden participar en la diversión y se les entregará un premio cuando crucen la meta. Se promueve la participación de los padres de familia en la Carrera como voluntarios, corriendo junto a sus hijos o echándoles porras.

El evento "Bash" es parecido a lo que sería una pequeña feria mexicana, ya que rentan brincolines, toros mecánicos, tirolesa e inflables; hay rifas, pinta-caritas, *photo booth*, tren, tienda de dulces; y se realizan actividades como una subasta silenciosa, salto de *bungee*; así como un DJ para que los niños bailen. La recaudación de fondos se hace a través de la venta de brazaletes, boletos para las actividades, la tienda de dulces y pastelillos, la subasta silenciosa y las rifas. El PTO trabaja para recaudar dinero para *chromebooks*, salidas extraescolares de los niños, licencias de software y otros recursos de aprendizaje para hacer de Timber Creek la escuela con la mejor educación posible.

Además de la inscripción al PTO con una cuota de $10.00 dólares, que da acceso al Directorio escolar, la escuela requiere que haya una mamá por grado para que coordine las tres fiestas (Navidad, San Valentín y Fin de año), informe a los padres para que vayan a leer en la escuela, acomoden los folders de cada semana, apoyen en la realización de la canasta para la subasta silenciosa del *"Dash"*, en la cual requieren de objetos por grado para armarla.

Mediante una subasta silenciosa van poniendo los interesados su postura hasta que termine el horario de subasta. También realizan una rifa con donaciones de los padres como iPads, iPods Touch, Kindle Fire o American Girl Doll of the Year por medio de boletos que se venden previamente y durante el evento.

Al final de año se utiliza el dinero para mejorar el proceso educativo de los niños. Entre las cosas que compran son computadoras, laptops, programas de computación o libros. También se construyen las canchas que se necesiten, como por ejemplo las de básquetbol.

El PTO realiza juntas mensuales y entregan estados de cuenta cada vez que utilizan el dinero. Sería muy buen ejemplo para los municipios y demás entidades de gobierno mexicano que entregaran cuentas cada vez que hacen uso de los recursos.

El voluntariado en el deporte

Todas las competencias que se realizan se pueden concretar gracias a los cientos de voluntarios que donan su tiempo; no existe evento deportivo en el que no participen voluntarios.

En el Triatlón, Maratón y el Iron Man requieren de voluntarios desde el momento en que llegan las playeras, chips electrónicos para determinar el tiempo, propaganda y otras instrucciones en una bolsita para que cada participante los recoja en determinados días en un lugar predeterminado. Por ejemplo, para el 10 for Texas generalmente se puede ir a recoger el paquete en Foot Locker y siempre con una sonrisa están las personas donando su tiempo para repartir las bolsas.

Durante las carreras se requiere de personas que ayuden a dar agua, coordinar las bicicletas, ayudar en caso de que se sienta mal algún competidor, repartir las medallas o repartir el paquete de salida cuando termine la competencia.

Estadísticas del voluntariado

También muchos de los eventos glamorosos de asociaciones o de los hospitales como las Galas requieren de personas dispuestas a donar su tiempo y algo más. Esto lo llevan inherente en la cultura estadounidense y es algo que personalmente les admiro mucho.

La oficina de Estadística del Trabajo (BLS) tiene los siguientes datos:

Si se tiene en cuenta el rango de edad entre los 35 y 44 años, las mujeres realizan trabajo voluntario en un mayor porcentaje que los hombres. La educación es un factor determinante en ayudar: a mayor educación, mayor participación en organizaciones que requieren voluntarios.

Desde un punto de vista étnico, los caucásicos (anglosajones) es el grupo que más ayuda en la comunidad: 27.8% de ellos participa en algún tipo de trabajo voluntario. Le sigue la raza negra, con un 21.1%; los asiáticos con un 19.6%; y al final están los hispanos con un 15.2%. Según los datos de la oficina del Censo de Estados Unidos, los hispanos son el segundo grupo mayoritario de la población estadounidense después de los caucásicos y el que menos ayuda.

Las actividades voluntarias no forman parte de la cultura latina por lo que nos cuesta más trabajo incorporarnos en este tipo de actividades.

A los niños tenemos que educarlos desde pequeños a ayudar, a estar agradecidos con nuestro país adoptivo por enseñarnos a colaborar y a sentirnos parte de la Comunidad. Esta experiencia es transformadora tanto individualmente como en la sociedad.

See Test and Treat

Éste es un programa que Asociación Amiga en conjunto con Viviendo Unidos, que era parte de United Way, llevó a Conroe. El programa consiste en hacer papanicolau y mamografías gratuitas a mujeres de escasos recursos. Se realizó en una clínica nueva con todas las instalaciones pertinentes después de haber realizado muchas juntas para poder obtener el material y los fondos para este proyecto. La clínica requirió de varias voluntarias, todas estaban muy contentas de participar durante turnos de 2 horas desde las 7:00 AM. Fue una experiencia gratificante el poder ayudar a muchas mujeres hispanas que requerían de traducciones al español para llenar los formatos que se pedían y auxiliarles durante el proceso médico.

Earth Day GreenUp es el día de recoger basura en The Woodlands

En marzo se realiza una convocatoria para que la familia salga de manera voluntaria a recoger basura en cada subdivisión en Woodlands. A los participantes se les proporcionan bolsas y guantes para la recolección, junto con una camiseta y agua. Son dos horas en la mañana y con este evento se concientiza a los niños de que no hay que tirar basura y de que tenemos que cuidar el lugar donde vivimos.

7. Deporte

En The Woodlands lo que sobra es el deporte al aire libre. Se pueden recorrer por las más de 145 millas de veredas disfrutando los árboles, animales silvestres, la gran variedad de flora y fauna ya sea caminando, corriendo o en bicicleta. Si el clima no lo permite, existen gimnasios de primer nivel como el Villa Sport, también está el 24 Hour Fitness, los YMCA, además de las instalaciones deportivas de The Woodlands.

También están los estudios de yoga, el Hot Yoga, estudios de pilates, gimnasios de box, centros de karate y tae kwon do, estudios de todo tipo de danza, gimnasia olímpica y el Natatorium tanto de Conroe como de Tomball.

¿Crisis de los 40? Una obsesión por el ejercicio

La mayoría de los que se mudan a esta burbuja terminan haciendo algún deporte al aire libre ya sea porque les gusta, por sentido de pertenencia, ya que mucha gente lo hace, porque les dio la crisis de los 40 o porque se aburren y es una manera saludable de matar el tiempo. Como hacer deporte es una adicción positiva, los que empiezan a realizar algún deporte lo continúan por lo menos el resto del tiempo que viven en The Woodlands. Algunos se obsesionan tanto que su plática ya no puede ser de otra cosa que no sea el deporte, los tiempos, la ropa, los gadgets, la alimentación y todo lo que tenga que ver con el ejercicio.

En mi experiencia, se empieza corriendo generalmente con un plan y un *coach*. A mí en lo personal ya me gustaba correr desde antes de venir a vivir aquí. Había corrido la carrera del Banco de México en el Distrito Federal, la carrera de 10 km de Televisa, los 5 km de Nike en Central Park y decidí prepararme para correr el 10 for Texas.

La carrera llamada 10 for Texas consiste en 10 millas dentro de The Woodlands que se corre en el mes de octubre. Mi plan de 6 semanas lo realizó la *coach* Mariana Sánchez Williams. Empecé a entrenar con mi amiga Adriana.

Corríamos por lo menos 3 veces a la semana combinado a otras actividades deportivas como la zumba, yoga, pilates o alguna otra disciplina.

Cruzar la meta es una sensación gratificante y emocionante. Cuando alguien se mete de lleno a correr surgen las típicas preguntas entre los corredores como:

¿Cuántas millas te tocan hoy?

¿En cuánto tiempo haces la milla?

Arriba de 8 minutos ya eres una tortuga…

Todos se van poniendo cada vez más metas y nosotras nos pusimos el Medio maratón después de haber concluido el 10 for Texas; únicamente eran 3 millas más.

Medio maratón y Maratón completo

Todos los eventos deportivos en The Woodlands involucran voluntariado, socialización y mucha competencia individual.

El Maratón es la carrera de 42 km o 26 millas; y el maratón, 21 km o 13 millas. Es un evento muy importante para la comunidad de The Woodlands.

También con Mariana realizamos nuestro entrenamiento por varias semanas. Entre los sacrificios que debes de hacer, como en cualquier entrenamiento, se encuentra el dormir bien, por lo menos 8 horas, para poder salir en la mañana a correr, que es lo más fácil para las que tenemos hijos, porque se van a la escuela. Algunos días en el verano nos tuvimos que parar como a las 5:30 AM para poder correr las carreras largas y no sufrir tanto el calor ni tanta humedad.

Iron Man

El realizar estos deportes es como las papas fritas: "a que no puedes comer sólo una" es "a que no puedes correr sólo una". Los corredores se "pican" y luego siguen con la bicicleta, la nadada y ya están haciendo triatlones como el CNB, la carrera en bicicleta que va a Austin, maratones en Houston… hasta que la locura les entra y planean el Iron Man, el Rey de los Triatlones: la competencia más desgastante y larga para una sola persona.

El Iron Man es un de triatlón con un tiempo límite de 17 horas y, si hacemos una traducción, sería "El hombre de Hierro", dando una connotación de la dificultad de esta competencia. Las distancias que hay que cubrir en las tres disciplinas son: natación, 2.4 millas (3.86 km); bicicleta, 112 millas (180.25 km); y correr 26.2 millas (42.2 km), que es un maratón completo.

Varias woodlanguenses tuvimos la fortuna de ir a echarle porras a nuestra amiga mexicana Andrea desde que salió en las aguas nada transparentes de Lake Woodlands a las 6:00 AM hasta que terminó su maratón y competencia casi 17 horas después. Se necesita mucho entrenamiento, temple, pero sobre todo mucha mente para realizar este cansado triatlón. Es muy diferente aplaudirle a algún desconocido que a alguien que te tocó verlo entrenar, sacrificarse, que se le cayeran las uñas de los pies, que le cambió de tono de piel por el sol… Es una sensación de éxtasis que sientes un poco tuya cuando cruza la meta.

Otra mujer sobresaliente es la colombiana Marcela, que quedó como número 1 en el Medio maratón en su categoría y realizó el Iron Man en menos de 13 horas. Completamente dedicada al deporte, esta atleta de alto rendimiento nos ha dejado muy bien parados a los latinos en The Woodlands.

Poco a poco los deportistas van incluyendo a sus hijos en carreras cortas como la de Mud and Trail, la carrera de Thanksgiving, para posteriormente inscribrilos a triatlones.

Comparando la afición al deporte en The Woodlands y en Estados Unidos contra México es abismal. Podría decir que es una obsesión con los hijos el practicar cualquier deporte.

Aquí empieza la segunda actividad del día que es la de "chofer de actividades". Las tardes es un manejar por todo The Woodlands, dependiendo de la actividad, sumándole varias millas al coche. Una de las causas por las que los estadounidenses le dedican mucho tiempo al deporte con sus hijos son las becas universitarias. Desde temprana edad están enfocando a sus hijos en las habilidades o gustos deportivos con un fin universitario.

El futbol soccer es el deporte favorito para los niños y padres hispanos, pueden empezar desde los 4 años en los parques con *coaches* que son generalmente los papás de algún participante del equipo. Cuando van creciendo se van inscribiendo a Rush o a algún centro deportivo enfocado en el futbol soccer, con entrenamientos durante la semana, más las competencias los fines de semana dentro y fuera de Woodlands; puede ser en Austin, San Antonio, Dallas o cualquier ciudad de Texas. Es una buena inversión de dinero entre las colegiaturas, uniformes, viajes y demás necesidades deportivas.

Lo mismo pasa con el futbol americano, donde hay más estadounidenses que mexicanos por una cuestión de genética y de preferencia.

Lo que yo siempre me he cuestionado es realmente a cuántos de los que están entrenando les darán becas o cuántos llegaran a ser profesionales.

¿No sería mejor poner énfasis en las cuestiones académicas?

¿En desarrollar más el intelecto?

Finalmente los deportistas tienen fecha de caducidad y no muchos se verán beneficiados económicamente con sus habilidades deportivas. A menos de que encontremos el próximo Messi, ¡entonces sí, a invertirle!

El tenis es otra actividad para niños en donde hay mucha variedad. Hay clases en The Woodlands Township y también en The Club, que está fuera de Woodlands: en Auburn Lakes.

Este deporte es de los que se puede jugar desde niños, adolescentes y adultos, a diferencia del futbol soccer y americano, porque entre adultos no es tan fácil organizar un partido, tanto por el número de participantes como por la condición física que se requiere. Un partido de tenis puede durar una hora o un par de horas, mientras que los otros dos deportes son más largos

El golf es por excelencia el deporte de las relaciones, donde puedes cerrar un negocio, conocer clientes o convivir socialmente, pero sus 18 hoyos convierten a las esposas de los golfistas en viudas de los fines de semana porque por lo menos les toma una mañana entera completar todo el campo.

8. Vida social

Recién llegada a The Woodlands no tenía la intención de trabajar, en el DF tenía un centro de estimulación temprana al cual le dediqué mucho tiempo y esfuerzo; era mi tercer bebé y se lo quedó mi socia cuando me fui.

Woodlands se presta para sentirte en una vacación continua: su clima, los árboles y la actitud con como para vacacionar pero con quehaceres domésticos.

Por la escuela de los niños empecé a conocer mamás mexicanas y poco a poco se fue ampliando mi círculo de amistades. Desayunando en el verano con un grupo de amigas les platiqué de los cursos que había tomado con Rosy Sandoval, y los cuales me habían ayudado muchísimo antes de venir a vivir a Estados Unidos.

Me hicieron varias preguntas y me sugirieron que la trajera. Coincidentemente le había comentado a Rosy antes de irme de México que ojalá pudiera venir a The Woodlands.

A algunas amigas las veía tristes, a otras enojadas, porque su llegada a "la burbuja" no fue deseada; las circunstancias de un secuestro o posible secuestro fue lo que detonó su llegada. La inseguridad en ese momento era la razón de la oleada de mexicanos llegando de Tampico, Monterrey, Irapuato, Veracruz, Tabasco, Guadalajara y otros estados de la república. Le hablé de inmediato a Rosy Sandoval, autora del libro "El Perdón", platicándole que su curso seguramente le iba a ayudar a muchas mujeres en Woodlands. Ella me pidió un mínimo de 30 personas. Me estresé porque contando a las que conocía sí alcanzaba hasta 40 mujeres pero no sabía si les iba interesar.

Le puse fecha —el 14 de noviembre de 2011— y empecé a buscar el lugar para que se viera profesional. Descubrí que la YMCA de Creekside tenía un salón perfecto y lo contraté para 30 personas. Día por día me hablaban para apartarme el lugar, me ponía de acuerdo e iba por el anticipo (error que no volví a cometer: se tiene que cobrar todo el monto ya que el día del curso era una cola interminable para cobrar la otra mitad). De repente ya tenía 40, luego 50, 60 y 70 era el cupo máximo permitido, por lo que tuve que cerrar el curso, dejando afuera a varias personas.

No cabe duda de que el que pega primero pega más fuerte, a nadie se le había ocurrido organizar conferencias, talleres o seminarios. Fue el primero de más de 40 cursos, talleres, eventos o pláticas organizados hasta hoy. He tenido la oportunidad de conocer gente interesantísima con mucho conocimiento que compartir.

A Rosy siempre le estaré agradecida por la apertura de mente, el responsabilizarse cada quien de sus actos, además de su hermoso libro.

A Sofy Smeke le agradezco su conocimiento sobre la inteligencia emocional, su ayuda para poder aplicarla con mis hijos y todos sus libros, que han ayudado con las emociones de los niños y sus maestros y padres de familia.

En mi página www.pearlevents.us están todos los cursos, talleres y conferencias que he organizado.

Al principio traje a los conferencistas que me habían dejado una huella cuando vivía en México. Posteriormente me empezaron a pedir algunos expertos en ciertos temas mediante las encuestas que entregaba al final de cada evento. Ahí fue cuando dio mi vida un cambio al empezar a escuchar sobre temas de energía, conciencia, ángeles, thetahealing, etc.

Tuve la fortuna de ser premiada como la Mujer en Educación en 2014 por la Revista Mujeres y el Periódico Sucesos, por los cursos que organice. Los premios van dirigidos hacia las mujeres que han sobresalido en Houston. Le estoy profundamente agradecida a Lizzette Diaz por haberme considerado.

Inicio en Asociación Amiga

Una amiga, Iytzia Cárdenas, me habló un día para invitarme a participar en una Asociación que recién se estaba formando. La cita fue en el restaurante Américas.

Llegué sin ninguna expectativa y de lo primero que me enteré fue de que, conociendo mi experiencia en conferencias, podía ayudar a la asociación. El primer evento que se estaba planeando era traer a Margarita Zavala, la ex primera dama de México, para dar inicio a la asociación. Al principio nos dedicamos a hacer juntas semanales para ver cuál sería la misión de la asociación y tener la página de internet lista con toda la información pertinente. La misión consiste en ser un punto de encuentro entre las mujeres migrantes latinas y la comunidad que hoy es nuestro hogar.

Fue una organización enfocada desde enero hasta mayo en la conferencia "Los Retos de la mujer migrante: Nuevos valores e identidades" de Margarita Zavala. A mí me tocó estar encargada del cobro electrónico por medio de Brown Paper Tickets y de los medios de comunicación, además de que todas teníamos que traer *"sponsors"* o patrocinadores para el evento. Fue todo un éxito y puso a la Asociación en el *spot* de los medios de comunicación y de las demás organizaciones hispanas.

Siguieron eventos como la conferencia "Abrazando a la cultura anfitriona", See Test and Treat en coordinación con otras organizaciones y el Consulado móvil para los trámites de pasaportes y matrículas consulares. Se realizó por primera vez el "Encuentro de organizaciones hispanas", con 20 organizaciones de Houston y Woodlands cuyo propósito era conocer la misión de cada organización o asociación.

La Asociación Amiga fue galardonada en la ceremonia del grito de la US Mexico Chamber of Commerce el 12 de Septiembre de 2015.

Cynthia Woods Mitchell Pavilion para conciertos en The Woodlands

Otro de los grandes atractivos de Woodlands es el Cynthia Woods Mitchell Pavilion que es un anfiteatro donde se presentan cantantes y grupos para realizar conciertos.

De acuerdo a la revista Pollstar, publicación comercial líder en conciertos, The Cynthia Woods Mitchell Pavilion está posicionado en primer lugar de los 100 anfiteatros en el mundo, basado en el número de boletos vendidos durante 2015. Está catalogado como uno de los mejores del mundo para la realización de espectáculos.

El lugar es semitechado al aire libre, así que si el concierto es en verano hay que ponerse *shorts* y *T-shirts* por las temperaturas sofocantes (la temperatura en verano varía entre los 25 y 35 grados centígrados y en julio y agosto puede llegar hasta los 38 grados centígrados con 90% de humedad).

Tiene capacidad para 16,500 espectadores y es testigo de grandes eventos como el Children's Festival cada noviembre, para entretener a los niños y es la casa de verano para la Sinfónica de Houston.

Entre los muchos artistas que hemos tenido la oportunidad de ver esta Kelly Clarkson, Defflepard, Maroon 5, Train y Lady Gaga. (Alguna vez tuve la curiosidad de saber el costo de rentar el Pavillion para algún cantante mexicano y nos cotizaron $10,000.00 dólares exclusivo de renta. Todo lo que se vendiera de comida sería para la empresa, y esto sin tomar en cuenta los boletos de avión del cantante y equipo, hospedaje, comidas, más su sueldo.)

Es relajante y oportuno saber que puedes ir a un buen concierto manejando 15 minutos o menos en The Woodlands. La otra opción de conciertos es ir a Houston al Toyota Center, que es más grande y con mayor capacidad para los espectadores pero con la desventaja de manejar una hora, aproximadamente, dependiendo del tráfico.

Eventos de la comunidad hispana

Los eventos hispanos más populares los llevan a cabo cámaras o asociaciones cuyo propósito es ayudar a la población latina, cada una con diversos fines y la mayoría sin fines de lucro. En 2015, Asociación Amiga organizó el Primer Encuentro de organizaciones hispanas "Expresiones de la Comunidad Latina" en la Universidad de Sam Houston en The Woodlands.

La importancia de estas organizaciones es enorme, ya que están trabajando para integrar, capacitar, incluir y ayudar a que los miembros de la comunidad salgan adelante en Estados Unidos.

Éstas son algunas de las organizaciones que están poniendo su granito de arena para que los hispanos logren una mejor calidad de vida en este país que los ha recibido:

AAMA Association for the Advancement of Mexican-Americans

AEM Asociación de Empresarios Mexicanos-The Woodlands

AMSIF Asociación Mexicana para la Superación Integral de la Familia

CELH Cámara de Empresarios Latinos de Houston

CFC Community Family Centers -Centros Familiares de la Comunidad

DANMAR Academy of Performing Arts / DANMAR Art & Dance Studio.

EXATEC Houston Ex-Alumnos del Instituto Tecnológico y de Estudios Superiores de Monterrey

La Rosa Family Services, Sana y Previene La Violencia Doméstica

Latin Women's Initiative

Latino Learning Center, Inc

MCHC Montgomery County Hispanic Chamber

MCUW Viviendo Unidos, Montgomery County United Way

Mujeres Hispanas WoodsEdge

PBP - Professional Business Partnership

RedHoustonMX - Red Houston de Mexicanos

Supérate y Triunfa US

Texas Familias Council

USMCOCGC The United States-Mexico Chamber of Commerce The Woodlands & Gulf Coast Chapter

Eventos para recaudación de fondos

Algunas asociaciones realizan eventos anuales. Los más populares son el desfile de modas que cada año realiza Latin Women Initative y cuya concurrencia es mixta: entre hispanas y estadounidenses.

El Día del Grito, The United States-Mexico Chamber of Commerce The Woodlands realiza una cena baile que a más de uno se le pone la piel de gallina cuando escuchan los himnos tanto de México como de Estados Unidos. Latino Learning también realiza un desfile de modas donde invita a varias personalidades del espectáculo mexicano. Los hospitales tienen sus galas anuales o semestrales donde presentan a las personas o niños que han sido beneficiados del programa junto con videos para demostrar a dónde se fueron los fondos y sensibilizar a la gente que asiste a la gala para que sigan donando.

En todas las escuelas públicas se realizan eventos para recaudar fondos. [Ver Capítulo 6 "El voluntariado".]

Apatía de los mexicanos en su nuevo hogar

Carta que me enviaron.

Mis hijos estaban estudiando en Creekside Elementary School, y conforme fueron creciendo las construcciones y aumentando la población construyeron una primaria nueva: Timber Creek Elementary. El Distrito escolar realizó una nueva zonificación y nuestra casa le tocó cambiar de escuela a la escuela nueva.

En el primer año solamente estaba mi hijo y al segundo año entró mi hija a kindergarten. Durante el primer año casi no hubo participación de la comunidad hispana. En el segundo año fui la "Room Mom" o "Coordinadora del salón de mi hija", donde pude involucrarme en todos los eventos y coordinar a las mamás en todos los proyectos.

Al fin del ciclo escolar tuve intercambios de *emails* con la responsable de coordinar a las madres responsables de cada grado escolar, "*Room moms*", llamada Nancy.

Nancy: *Do you mind telling me where are you from? Are you from Mexico?*

Perla: *Yes, I am from Mexico.*

Nancy: *That is great to know, because we need yo rally support from Mexican parents. One thing that I have heard from a lot of people is that they are troubled by the large number of people who move here from Mexico in order for their kids to learn English that are not really invested in, or care about the school. People are frustrated with people who come here and "use" the educational system here in the US but don't really contribute to it. Does that make sense? I would like to see more Mexican parents involved in the school. Is there a way that we could rally more support from Mexican parents? Is there a way that we could better meet the needs of Mexican students?*

En uno de los *emails* me pregunta que de dónde soy y si soy de México.

Le contesto que sí soy de México y me escribió: "Que bueno, necesitamos que los padres mexicanos nos apoyen. Muchas personas [estadounidenses] les molesta la gran cantidad de mexicanos que se están mudando a The Woodlands para que sus hijos aprendan inglés porque no les importa ni están comprometidos con la escuela. La gente está frustrada de que los mexicanos "usen" el sistema educativo y no contribuyan. Yo quisiera que los padres mexicanos se involucraran más en la escuela. ¿Habrá alguna manera de hacerlo? ¿Cómo podemos ayudar a los estudiantes mexicanos?

Le comenté que muchos no saben cómo funciona el sistema educativo estadounidense. Yo iba a ser un *"international liasion"* y ayudaría a que los padres participaran más con la escuela.

A partir de ahí, en Facebook, tanto en mi muro como en las páginas de los grupos relacionados con la comunidad hispana, se le dio aviso de lo que estaba pasando y se incrementó la ayuda de las madres mexicanas en los eventos.

El gran problema para los mexicanos es el inglés porque nos da flojera practicarlo, nos preocupa hablarlo mal y nos cansa cuando lo tenemos que hablar, siempre preferimos a alguien que hable español ya que es el idioma en que pensamos y sentimos. Ésa es la cruda realidad del porqué estamos muy contentos en "la burbuja", sin salirnos de nuestra zona de confort, conviviendo solamente con mexicanos, hablando español, haciendo reuniones estilo mexicano con comodidades y seguridad del primer mundo, teniendo acceso a lo mejor de los dos mundos.

Tacones y chanclas

Se reconoce a las recién llegadas, vestidas formalmente y "entaconadas" como en su ciudad de origen. Cuando pasan unos meses se baja la intensidad en el arreglo porque no se tiene el suficiente tiempo, y los eventos no son tan demandantes, pero eso sí, sin perder nunca el estilo. Cuando se empieza a conocer gente y se organizan las reuniones y fiestas se regresa al arreglo de la antigua ciudad.

En el verano, con ese calor de más de 35 grados, se cambian los tacones por las chanclas y se pueden quedar hasta finales de octubre, cuando se empieza a quitar el calor. El glamour va desapareciendo, no por completo, como cuando se organizan eventos con la sociedad hispana, pero si es con la comunidad anglosajona no existe la presión social; todo lo contrario: para la mayoría de las estadounidenses no es prioridad el arreglo personal, excepto en ocasiones especiales.

Viudas de Woodlands

Trabajo de los esposos

Como mencioné anteriormente, muchos de los esposos invierten en negocios anclados a su visa de inversionistas, algunos estudian en el college, los menos trabajan en filiales o empresas estadounidenses de energía (gas y petróleo).

"Las Viudas de Woodlands" son aquéllas que el esposo tiene sus ingresos en México y tiene que viajar constantemente a México. ¿Qué tan constante?

Depende del trabajo del esposo. Si es empresario podrá estar la mayoría del mes en Woodlands atendiendo virtualmente la oficina.

Hay variaciones para estos esposos: los que viajan una semana a Woodlands se quedan dos en México; los que vienen 10 días al mes a ver a la familia. Los que llegan el viernes en la noche y se regresan el domingo, pasan muy poco tiempo.

Éste es un fenómeno que a algunas familias las une pero a otras las separa. Las razones por las cuales se vienen a vivir son multifactoriales, por lo que la razón que siempre predomina es que la familia esté segura y contenida. Estos viajes se pueden mantener durante años, pues el vuelo dura menos de dos horas y el traslado del aeropuerto a The Woodlands, siempre dependiendo del tráfico, varía entre 30 y 45 minutos.

Algunas familias vienen temporalmente por un año, desafortunada o afortunadamente The Woodlands es un lugar tan cautivador que deciden quedarse otro más. Mi opinión es que un año no te da una experiencia completa porque apenas se está adaptando la familia cuando se tendría que regresar. Generalmente esta situación aplica a la mayoría y los que venían por uno o dos años terminan quedándose cuatro o cinco.

Conforme pasa el tiempo, las mujeres se acostumbran a llevar el control de todos los aspectos de la casa, adquieren una independencia en la toma de todas las decisiones teniendo como resultado que los esposos sean como visita temporal, y algunos hasta llegan a estorbar porque viven dos realidades completamente diferentes en dos países distintos: a lo que estaban acostumbrados en el país de origen ya no puede ser; se cambia a una nueva realidad.

Ejemplo de una discusión de una "Viuda de Woodlands":

Él: Quiero quedarme a descansar en la casa.

Ella: ¿Cómo crees? Me la he pasado de chofer llevando a los hijos, haciendo la comida, hoy es mi día de esparcimiento y ya tengo la agenda lista para todo el fin de semana.

Él: Yo ni los conozco.

Ella: Precisamente por eso, para que conozcas a la gente con la que convivo mientras tu estás en México.

Existen casos de esposos que venían cada fin de semana pero con el pretexto del incremento en el costo del boleto de avión fueron ampliando sus visitas a quince días, luego cada tres semanas, una vez al mes, a un mes sí y otro no. Resultado: si ya llevan más de tres años en esta situación cada quien termina llevando una vida aparte. Los niños ven al papá como una visita que no tiene autoridad.

Aquí se tiene que valorar cada situación familiar en lo individual. Si el lugar de donde vienen está imposible para regresarse por la inseguridad y es casi una situación de vida o muerte tendrán que adaptarse a las nuevas circunstancias.

Algunos esposos no aguantan más de cuatro años el estar tomando vuelos constantes, es muy cansado física y emocionalmente, aunado a la rentita semanal para Aeroméxico o United, si bien en 2015 abrieron nuevas aerolíneas de bajo costo, lo cual ha beneficiado a algunas familias. Aeroméxico tiene una cuponera en la cual se puede comprar 10 o más boletos de avión para acomodarlos de acuerdo a las necesidades de viaje del esposo y de la familia.

Existen mujeres que no movían un dedo en la casa de México, tanto en las labores domésticas como en la administración, o en el pago de impuestos, predial, teléfono, agua, luz, gas, etc. Los esposos les ceden el control a las "Viudas de Woodlands" ya que no pueden trabajar, organizar la casa de México y además la de Woodlands, así es que les piden que tomen las riendas de esta nueva vida.

Las "Viudas" al principio se sienten solas y agobiadas por tener la carga emocional y estructural de la familia, pero con el tiempo las fortalecen. Si ya han pasado varios años bajo esta situación, lo que se debería de trabajar en familia es en no ver al papá como un proveedor o visita temporal que ya no pertenece al núcleo familiar. Y es difícil, porque dependiendo de la causa de llegada a este lugar hermoso, algunas familias no tienen opción y tienen que lidiar con los problemas emocionales que conlleva esta situación de aleja-miento.

Modus vivendi

En este tema no quiero generalizar pero sí afirmar que es lo más común en mi experiencia personal.

Modus vivendi de los texanos

***Trocas* de gringos**

La identidad de los texanos está muy relacionada con el orgullo que sienten por sus creencias, sus ideas conservado-ras y sus armas. A los texanos les encanta también comprar su *troca* de cuatro plazas: las *pickups* son los automóviles más populares en este estado.

La portación de armas, que es un derecho constitucio-nal de los estadounidenses, es un tema controvertido para los más liberales, a quienes les gustaría más control en este tema. Para los texanos es una parte intrínseca de su cultura y sería inconcebible no tenerlas.

A partir del primero de enero de 2016 se pueden portar abiertamente: *"open carry"*. Por eso los demás estados les tienen respeto a los texanos, ya que saben usar las armas y ahora las pueden portar libremente.

Son tan orgullosos de su estado que algunos no sólo no viajan fuera de su país, sino que no salen de Texas, por lo que algunos no tienen pasaporte.

Casas de estadounidenses

David al trabajar como *realtor* en la compra y venta de casas ha tenido acceso a varias casas de estadounidenses para analizarlas y evaluar el mejor precio posible.

Para los estándares mexicanos, las casa están desescombradas y sucias, con ropa tirada en la sala, recámaras y platos sucios en varios lugares de la casa. En algunos casos, ropa interior por ahí: sí, con calzones regados de los niños. El cereal, el café y los refrescos afuera de la alacena como si fueran parte de la decoración.

Alguna vez haciendo el recorrido con el dueño, al toparse con una puerta cerrada de una recámara, el dueño tocó y se escuchó la voz *"Come in"*. Cuando entran al cuarto, la adolescente tirada en el piso con su novio. Los dos viendo su celular.

Éste es un *shock* cultural: en México, en ciertos niveles socioeconómicos no es común dejar que los novios entren a las recámaras de las adolescentes y mucho menos que se les tenga que tocar la puerta para pedir permiso de entrar. En México, si se logra colar el novio a la recámara de ella es generalmente sin el consentimiento de los padres, seguramente en su ausencia.

El saludo con los estadounidenses es muy diferente. Por primera vez es únicamente de palabra: un *"hi"* o un *"hello"* es suficiente, también un apretón de manos es una manera apropiada de saludar. Lo que no es apropiado ni bien visto es llegar a darle besos a todas las personas. Esto es algo muy confuso para los recién llegados. Te presentan a un mexicano o mexicana y en automático le plantas el beso; con los estadounidenses no es así.

En una fiesta de mi hija llegó un invitado de Aguascalientes y en la sala había mexicanos y estadounidenses mezclados. El invitado fue saludando uno por uno y, no sé si por descuido o por ignorancia, le planta el beso a la estadounidense. Ella se voltea a vernos y nos dice:

Why did he do that? Do I know him?

¿Por qué me dio un beso? ¿Lo conozco?

Ella estaba sorprendida y un poco molesta, nosotros le dijimos que en México así es la costumbre, pero ella seguía haciéndose las mismas preguntas.

Cuando los estadounidenses consideran que ya te conocen más te pueden saludar de abrazo, y algunas estadounidenses hasta te pueden plantar el beso. No es muy común; son pocas, pero sí las hay.

Muy pocos niños estadounidenses están educados para saludar. Generalmente entran a tu casa y tú como dueña eres la que le dices *"hello"*. Los adolescentes ni se diga: entran como Juan por su casa a casas de amigos y van directamente con el amigo que están buscando. El mexicano dueño de la casa los tiene que ir redireccionando para que saluden. En el episodio de la recámara con ellos acostados, no sólo no saludaron si no que ni se movieron y casi que David tuvo que brincarlos para poder observar bien el cuarto.

Los estadounidenses tienen esta obsesión o resistencia al frío: en diversos lugares el aire acondicionado tiene la misma temperatura que un refrigerador, como para que "salgan los pingüinos". Ponen el aire acondicionado a temperaturas de 60 grados Fahrenheit, que son 15 grados centígrados, o menos. La pregunta que siempre me hago es si tan buenos son con la administración del dinero, por qué no ahorran en gastos y le suben a la temperatura. Lo que sí he observado es que a mayor peso corporal, mayor necesidad de aire frío. Es decir: las personas obesas sudan hasta con temperaturas en las que algunos necesitamos chamarra. Es increíble que para ir al súper algunas mexicanas que vivimos aquí llevemos suéter, o chamarra para el cine; ya ni se diga cuando llegas por primera vez y rentas un coche: en el camión que te suben para llevarte a la renta de coches puedes salir con pulmonía.

Esta reacción hacia el frío es un claro paradigma que tenemos los latinos: mientras que los bebés y niños estadounidenses no traen suéter ni chamarra, los hispanos los mandamos tapaditos. Al no tener esta creencia, los estadounidenses no se enferman porque hace frío, los hacen más fuertes y los hispanos les seguimos transmitiendo este paradigma generación tras generación.

Otra caracteristica peculiar es la manera en que desperdician la comida y lo que ya no les sirve. En la hora del *lunch* de los niños, aunque no hayan tocado un sólo bocado, les fomentan que lo tiren al bote de la basura generando cantidades estratosféricas de basura. Muy diferente a Europa, que por haber sufrido dos guerras mundiales, literalmente limpian los platos con el pan para que no se desperdicie nada. En algunos restaurantes las porciones son tan grandes que se deberían de compartir. No sólo desperdician lo que no se comen si no que al estar acostumbrados a gran cantidad de comida existe un problema grave de sobrepeso en cierto segmento de la población texana, si bien no en Woodlands, ya que las personas tienen a ejercitarse y a informarse más sobre la comida que en otros lugares de Texas.

La "fiesta" de los estadounidenses

Los estadounidenses se "destrampan" y son "desmadrosos" durante sus años de *high school* y sobre todo en el *college,* pero en cuanto entran a trabajar pareciera que les cambian un *chip* y se transforman en ciudadanos robotizados y hasta diría un poco aburridos; a los hispanos, antes, durante y después de estudiar nos gusta salir a divertirnos, nos encanta bailar, la fiesta o "rumbear", como dirían los venezolanos.

Recuerdo cuando un vecino estadounidense nos dijo que él se había fumado el bosque entero en su juventud. Yo no lo podía creer: siempre llegaba de trabajar a las 5:00 PM y su hobby era construir muebles junto a una cerveza, pero salir a cenar a un restaurante se necesita realmente un buen pretexto para convencerlos o que solamente sea un *"Ladies' Night Out"* con las estadounidenses.

Los latinos si podemos salimos viernes y sábado en la noche a cenar, cine, reuniones, jugadas de cartas en pareja y algunos hombres tienen sus jueves de domino o "juevebes", y algunas mujeres sus "miércolitos".

Los restaurantes cierran muy temprano entre semana y un poco más tarde los fines de semana, siempre la última mesa termina siendo de mexicanos, casi con la aspiradora y las luces prendidas listos para cerrar el lugar.

Drogas y alcohol
Fiestas de adolescentes

Mientras que en DF los papás se muerden las uñas en la noche por las idas al antro, aquí en la Burbujita los papás se preocupan por recogerlos en las casas donde se realizan las fiestas o en el cine. En lugar de ir a los tacos, porque desafortunadamente no hay, van al Whataburguer al final de Woodlands Parkway.

Lo que se consume en las fiestas de mexicanos organizadas en The Woodlands no es la mota, si no el alcohol que conscientemente permiten los padres tomar. Culturalmente estamos acostumbrados a que los adolescentes tomen con el pretexto de que si no le enseña el papá, no van a aprender a tomar. Pero aquí no es México, donde se acostumbra a darle una "mordida" al policía si te comprueban que has tomado. Si detienen a algún menor de edad en estado de ebriedad, averiguan en dónde tomó y si estuvo algún adulto presente y el que se va a la cárcel es el adulto.

Si algún vecino se molesta por el ruido en la noche de alguna fiesta o tiene sospecha de que hay menores de edad, llama a la policía y, como de película, los adolescentes se desaparecen trepándose a las bardas o escondiéndose. Si le toca a un adolescente estar en la fiesta y ser consignado se le queda en su record para siempre.

Plática con el oficial Abraham Valle acerca de las reglas en Estados Unidos

Varias mamás estaban preocupadas porque no conocían la ley en varios asuntos de interés y sobre todo las implicaciones de las drogas y el alcohol en los jóvenes. David decidió tomar cartas en el asunto y organizar la primera plática en español para padres de familia con el oficial Valle en la

YMCA de Creekside, apoyados por el Woodlands Township. Yo lo ayudé a promoverla con mi base de datos y por medio de las redes sociales. Fue un éxito rotundo: gente se quedó afuera porque se llenó el salón. Decidimos organizar unos meses después otra plática únicamente para adolescentes, para platicar de las consecuencias del alcohol y las drogas en Estados Unidos. También se llenó el lugar.

Existe el servicio de los oficiales de policía de vigilar las casas de los dueños que han salido de viaje y si existe actividad sospechosa se puede llamar a los siguientes números:

En Montgomery County-Deputy Felix Cantu
felix.cantu@mctx.org
 www.mocosheriff.com
(936) 442-7797

En Harris County (Village of Creekside Park)
www.cd4.hctx.net
(281) 376- 3472

Reglas de tránsito

¿Qué es una multa o *"citation"*?

La multa o *"ticket"* es un citatorio escrito con lugar y hora para la persona que debe asistir frente a un magistrado por alguna falta cometida al reglamento.

¿Qué es una advertencia o *"warning"*?

Como su nombre lo dice, es una advertencia a la persona que cometió alguna ofensa, quedando perdonada la multa de acuerdo al criterio del oficial.

Costos de algunas multas de tránsito en dólares

- Manejar arriba del límite de velocidad
  $200.00

- Pasarse un alto o un semáforo con luz roja
  $170.00

- Licencia de conducir caduca
  $100.00

- No tener la licencia de conducir cuando se solicita
  $120.00

- Registro que ha caducado
  $ 75.00

- No utilizar el cinturón de seguridad
  $135.00

- No pararse en un ALTO o STOP del camión escolar
  $200.00 a $2,000.00

Los menores que han cometido algún delito se les llama *"juvenile"* y la edad es de por lo menos 10 años hasta antes de cumplir 17 años, en el momento en que cometieron el delito.

Los delitos más comunes en los que incurre un menor son los siguientes:

-Peleas

-Asalto simple

-Consumo de alcohol siendo menor de edad

-Posesión de mariguana

-Posesión de alguna droga o sustancia controlada

Toque de queda para los menores de edad o *"juvenile curfew"*

El toque de queda aplica para todos los menores de 17 años de las 12:01 AM hasta las 6:00 AM de lunes a domingo; es decir, todos los días de la semana.

Otras horas para el toque de queda son de las 9:00 AM y 2:30 PM de lunes a viernes para evitar que no vayan a la escuela; es decir, que no se vayan "de pinta".

La multa será de $500.00 dólares cada vez que se viole el toque de queda.

¿Qué pasa si un menor de edad ha tomado? Consecuencias económicas y penales

Va a tener una multa de $500 dólares y un citatorio con el juez, quien decidirá si el individuo tiene que tomar clases sobre el consumo de alcohol, las cuales tendrán un costo para el infractor.

¿Qué le pasa al adulto responsable de la casa en donde se sirvió el alcohol a menores de edad?

Si el menor de edad tiene un accidente y la investigación concluye que el adulto es responsable de haber facilitado el alcohol, tendrá cargos criminales y lo pueden demandar además por cargos civiles, si los padres del menor consideran que fueron afectados. El castigo puede ser una multa $500.00 hasta $2,000.00 dólares con seis meses de prisión y siempre dependerá la magnitud del castigo de la decisión del juez.

Si el adulto no sabe que estaban tomando ¿qué consecuencia existe para los adultos y para los adolescentes?

La única parte que juega es la civil, pero si el menor incurrió en una falta de todas maneras tienen una responsabilidad. Si se concluye en la investigación que la evidencia apunta a que los adultos realmente no tenían conocimiento del alcohol, no tendrán cargos.

¿Qué consecuencias tiene en un menor si se comprueba que ha consumido alguna droga prohibida?

Cada caso es individual, por lo tanto diferente uno de otro. Si está drogado generalmente llaman a la ambulancia, hospital y CPS (Child Protective Services). Las consecuencias a los padres del menor dependerán de si los padres sabían dónde estaba el niño, de si sabían que el niño consumía, es decir, se investiga exhaustivamente si se le puede imputar responsabilidades a los padres. Se decidirá si los padres pueden o tienen la capacidad, madurez y ganas de cuidar al niño o si no les importa.

¿Influye el tipo de droga en la consecuencia?

Cuando el menor ha consumido alguna droga, *"under the influence"*, es catalogado legalmente diferente a la posesión de droga, o *"possession"*. Si el menor ha consumido droga, lo que requiere es atención médica, por lo que no se le puede encarcelar. La posesión depende de la cantidad de droga que el menor tenga. Existen sustancias controladas.

Cada sustancia entra dentro de una línea de investigación diferente dependiendo de si es mariguana, éxtasis, *xanax* o prescripciones médicas y la cantidad que le sea comprobada se decidirá si entra dentro de la categoría de posesión de droga.

Si sólo es un cigarro de mariguana se le pondrá en un programa para ayudarlo a prevenir o combatir la adicción.

Si va manejando un menor de edad en estado de ebriedad, ¿cuál es la consecuencia?

$500 dólares de multa. Si lo ha hecho antes puede tener seis meses de cárcel y una multa de $2,000.00 dólares, también podría asistir a clases, quedando esto registrado en el *record* juvenil.

Si va manejando un adulto en estado de ebriedad, ¿cuál es la consecuencia?

Con el adulto es diferente la consecuencia que se le aplica, al menor se le da la oportunidad de cambiar y mejorar el comportamiento. La ley es más benevolente y tratará de ayudar porque el cerebro no está completamente desarrollado para que no se le haga un hábito.

El adulto, dependiendo del caso, podría tener de 6 meses a un año, multa de $2,000.00 a $4,000.00 dólares y se le suspenderá la licencia hasta por un año. Además tendrá que pagar a un abogado para la defensa de los cargos criminales, civiles y multas por alrededor de unos $15,000.00 dólares.

Si vuelve a manejar durante la suspensión de la licencia, podría ir a la cárcel dependiendo si estuvo envuelto en un accidente o en otra situación sin causar daño.

¿A qué edad puede un adolescente quedarse a cuidar a un menor de edad?

La ley no tiene edad para esta situación, la madre debe saber la madurez, responsabilidad y capacidad del menor que deja a cargo de otro menor.

Si por ejemplo el o la menor tiene 12 años, se le deja a cargo de un niño de 5 años y decide cocinar pero no sabe, porque no le dejaste comida, y como consecuencia se desata un incendio, se tendrán que deslindar responsabilidades si es que la madre le dio permiso para cocinar. Dependiendo de la fatalidad del incidente, si alguien murió, cuánto tiempo los dejó solos, y se sospecha que no sabe cómo ser una madre responsable, se podrán ir a *foster care* por lo menos un año, mientras se le enseña a la madre como actuar.

La decisión de dejar a los hijos solos es completamente al criterio de los padres de familia. El sentido común es el que dicta que no se debe dejar a un niño de 12 años a cargo de uno de 5 años. Quizá a un menor de 15 años pueda cuidar a un pequeño siempre y cuando cuente con entrenamiento de primeros auxilios, tenga experiencia en cuidar niños y la suficiente madurez para quedarse a cargo de la casa.

¿A qué edad se les puede dejar solos a los adolescentes para ir a cenar, cine o a cualquier actividad de recreación sin la presencia de adultos?

Es variable y la ciudad puede cambiar a una regla más estricta diferente a la ya establecida. En Market Place pueden poner sus reglas independientes a las del condado.

Si se ve caminando a menores en un centro comercial, *mall* o en otro lugar porque no fueron a la escuela, se le puede detener e interrogarlos sobre la razón del porqué están solos, si sus padres saben que no fueron a la escuela y la localización de sus padres.

¿Es igual en todos los condados?

No es igual el horario, cada lugar tiene el suyo.

¿Tiene alguna repercusión en el estatus migratorio el haber sido detenido por la policía en estado de ebriedad?

Depende si fueron detenidos o arrestados, ya que la situación es diferente. Por ejemplo: en un bar dos personas se empiezan a pelear, se les ponen las esposas, se les investiga y, si no pasó nada y fue simplemente una discusión, se les deja ir sin arrestarlos.

Si se arresta a un individuo por estar en estado de ebriedad y no se encuentra a alguien que se haga responsable o que lo cuide, lo llevan a la cárcel. Si el individuo resulta que su estatus migratorio depende de una renovación de algún tipo de visa cuando esté vencida y vaya a la Embajada o Consulado Americano a renovarla, el oficial de migración le va a preguntar si tuvo algún cargo criminal para ver la honestidad de la persona. La oficina de Migración siempre pide el *record*, y si existen cargos criminales, al ser positivo, le negarán la visa.

Cuando existen cargos criminales, esto repercute directamente en el futuro del estatus migratorio de la persona. Si existe una infracción o multa a exceso de velocidad es una situación menor que el oficial de migración tendrá que evaluar, así como el peso sobre la decisión que deba tomar para la renovación de la visa.

Si dos adolescentes se agreden físicamente, ¿cuáles son las consecuencias?

En teoría es un problema local que se tendrá que resolver en un juicio si una de las partes interpuso una demanda.

Cuando se involucra a la oficina de migración ya no es un problema local, la familia afectada deberá contratar a un abogado para arreglar el problema legal y migratorio, el juicio se tendrá que terminar bajo los pasos que dicta la ley, por lo que las dos partes deberán estar en Estados Unidos para atender el proceso. Después de imponer la consecuencia, el juez determinará si sirvió el castigo impuesto, que puede ir desde cómo trabajar con el enojo o *"anger management"*, pensar antes de actuar, entre varias opciones. Si se requiere la renovación de una visa, el oficial de migración tomará la decisión en base a su criterio.

En este país las demandas se utilizan más de lo que cualquiera se imagina, la mayoría de las personas cuentan con seguros para cualquier imprevisto. Existen casos de fiestas que incluyen la alberca, las famosas "albercadas" en las que si algún niño sufre algún accidente, los padres estadounidenses se sienten con la confianza de demandar a los dueños de la casa mexicanos. Culturalmente, ese atrevimiento merece la pérdida de amistad y el enojo; pero los estadounidenses lo ven diferente, pensando que el seguro les va a pagar. Mi opinión es que si estás en una casa ajena cuidas a tus hijos y la responsabilidad es de los padres de los niños, no del dueño de la casa. Por historias como ésta nosotros pusimos en el jardín el siguiente letrero:

"Notice: All persons using the pool do so at their own risk, owner is not responsible or liable for any accidents or injuries. Children under the age of five should not use pool without an adult in attendance, State Law"

Aun con este letrero una vecina abogada estadounidense me aseguró que se puede demandar aunque tengan firmados papeles de deslinde de responsabilidades.

Alcohol y drogas

La droga está presente y al alcance de todos. Algunas estadounidenses de la escuela de mis hijos platicaban que en el distrito de Conroe, al tener más dinero, tienen acceso a drogas más sofisticadas. El alcohol es un tema controversial para los padres mexicanos que a veces se tienen que "hacer de la vista gorda" cuando llevan bebidas a sus casas y si no lo hacen los jóvenes terminan haciendo la reunión donde sí lo permitan. Me pregunto, si todos se pusieran de acuerdo en no permitirles el alcohol, ¿que pasaría?

El problema es cuando algún menor sale borracho de alguna casa y se considera que cualquier accidente o eventualidad que suceda después puede tener consecuencias penales y es responsabilidad de la familia dueña de la casa donde hubo alcohol.

Se conocieron experiencias de familias mexicanas que están luchando para que sus hijos salgan de la droga. No eran familias disfuncionales, son familias como cualquier otra que están pendientes de los hijos. A quienes caen en esta desgracia hay que considerarlos enfermos y como tal se les tiene que tratar, nadie está exento de este problema y por lo que todos los que tenemos hijos pequeños debemos estar muy pendientes de cualquier cambio en la conducta.

Los que viven en México tienen el estereotipo que los jóvenes solamente se drogan en Estados Unidos. Después de ver el video del pasecito en 2015 se comprueba que hasta en las mejores familias pueden tener acceso a las drogas. He tenido muchas, muchas conversaciones con familias que vivían en México y llegaron cuando sus hijos ya estaban en la adolescencia y todas llegan a la misma conclusión: están mejor y más controlados en "la burbuja" de Woodlands que en México. En México los padres estarían despiertos y angustiados durante la madrugada, no solamente pensando en el alcohol o las drogas sino en que regresen vivos, que no los vayan a secuestrar o a poner algo en las bebidas alcohólicas.

Aquí se la pasan de reunión en reunión y SÍ, sí hay alcohol y los adolescentes mexicanos lo consumen, pero los hispanos, según me han platicado, no le entran tan fácil a la droga porque está más satanizada. La realidad es que las dos son sustancias que modifican el sistema nervioso y tienen la capacidad para desinhibir y relajar a quien las consuma.

Estudios de alcohol en adolescentes

En Estados Unidos la ley establece la edad de 21 años para poder consumir y comprar bebidas alcohólicas.

La familia, la religión, las amistades, los medios de comunicación y la aceptación, o no, cultural influyen en el consumo del alcohol en los menores de edad. A los padres se les recomienda platicar sobre la edad, usos y consecuencias del consumo del alcohol desde temprana edad con sus hijos.

Efectos fisiológicos del alcohol en los menores de edad

Daños en el cerebro y en el cuerpo

Los menores de edad se encuentran todavía en la etapa de desarrollo. El desarrollo del cerebro es la base para varias habilidades como la resolución de problemas, el razonamiento, el discernimiento, la planeación y la integración de información. Los efectos nocivos del alcohol afectan mucho más al cerebro de un menor comparado con el de un adulto. Una de las dos zonas cerebrales que se sabe que se ven afectadas es el hipocampo, una estructura crucial para el aprendizaje y la memoria. También la percepción visual–espacial, así como las habilidades verbales se ven perjudicadas por su consumo. El consumo excesivo afecta la atención, concentración y resolución de problemas, con consecuencias en la obtención de buenas calificaciones y la capacidad de estudiar, teniendo efectos negativos en todo el proceso cognitivo con resultados permanentes en la vida adulta.

Los trastornos físicos que se pueden sufrir son presión alta, cirrosis, aumento de peso, envejecimiento de la piel, problemas sexuales como la impotencia en los hombres y la alteración menstrual en las mujeres.

El consumo excesivo lleva a que los adictos tengan trastornos en la motivación, autocontrol y fijación de metas. Además del hipocampo, el alcohol provoca daños graves en las zonas frontales del cerebro adolescente, las cuales son imprescindibles para controlar los impulsos y reflexionar sobre las consecuencias de las acciones. La mayoría de los adictos o alcohólicos carece de estas capacidades.

Dependencia

El consumo temprano de alcohol afecta a los cerebros, que son más sensibles, fomentando la progresión hacia la adicción.

El riesgo en los menores de adquirir una dependencia es mucho mayor. Se realizó un estudio, publicado en la revista médica Archives of Pediatrics & Adolescent Medicine, que demostró que un 47% de los menores que empiezan a consumir alcohol antes de los 14 años desarrollan dependencia en algún momento de su vida. Si se retrasa el consumo hasta los 21 años el riesgo disminuye a 9%.

Algunas de las razones por las que los menores de edad consumen alcohol es la presión social, imitación de los adultos, integración a un grupo y el efecto deshinibidor para superar la timidez.

Consecuencias indirectas

Los adictos no tienen la capacidad de sopesar o entender las consecuencias y la importancia de la conducta, por lo que tienden a repetir el acto.

Las consecuencias más evidentes son los accidentes viales con riesgos de lesiones y muerte, mayor probabilidad de participar en actos violentos y relaciones sexuales de alto riesgo con la posibilidad de contraer enfermedades contagiosas.

Ignorancia

Un error que considero que cometen en el Sistema Educativo de Texas es enfocarse en todo lo referente al estado y no darles una visión más global de este mundo.

Crecen sintiendo que no vale la pena explorar otros países y que su viaje más lejano *"overseas"* es ir a Hawaii.

Se acercaban las vacaciones y una psicóloga de Baylord que trabaja en el distrito escolar de Tomball, me preguntó si íbamos a salir y a dónde. Le comenté que íbamos a tomar un crucero a Dubái. Su cara se transformó y me preguntó: ¿En qué parte de México esta Dubái?" Yo me quede muda y aun así trate de explicarle que estaba muy cerca de Irak, pensando en la guerra e invasión que los estadounidenses tenían en ese país. No supo ni de qué le estaba hablando. Yo no lo podía creer.

También le preguntó a David que si él había estudiado su maestría en Francia, y él, emocionado pensando que iba a tener una conversación sobre Europa, le dijo que sí. Ella le dijo que a ella no le interesaba salir del país; que ellos serían felices teniendo una granja con puerquitos.

Este desfase cultural es algo que a los mexicanos que viven aquí les preocupa. Tenemos la creencia inconsciente de que son mejores por ser estadounidenses y que saben más, la cual se quita con este tipo de comentarios, porque no solamente por ser rubios son cultos y educados.

Religión

El sureste de los Estados Unidos es llamado el *Bible Belt* por la influencia y valores cristianos tan fuertes que tienen. La vida de los texanos se rige en gran medida por las iglesias protestantes cristianas en sus diferentes modalidades (presbiterianos, luteranos, metodistas, anglicanos, episcopales, evangelistas, baptistas, etc). Texas tiene fama de que la gente es fanática de la Biblia y de las armas.

Reglas

Cruzando el Río Bravo existe un cambio de *chip* mental en todos los mexicanos, ya no tiran basura y si lo hacen se cuidan de que nadie los esté observando, cambian completamente de actitud.

Los lugares para discapacitados se respetan; muy pocas personas tienen la osadía de estacionarse en un lugar prohibido. Los discapacitados siempre llevan un letrero que dejan en el retrovisor o en la parte delantera del coche.

Los estadounidenses no están acostumbrados a tomar atajos. En eso los mexicanos les llevan ventaja, y no me refiero a romper las reglas, sino a pedir y tomar el camino más corto.

Un ejemplo es las colas para pagar en cualquier establecimiento como Bed, Bath and Beyond. Tienen las cajas con la luz prendida para que te formes y te cobren, adicionalmente tienen una caja para devoluciones, la cual también cuenta con una caja para cobrar. Una vez, las colas estaban larguísimas y fuimos a preguntar si ahí también nos podían cobrar ya que no tenían ningún cliente haciendo alguna devolución. Su contestación fue: "¡Claro! Estamos para ayudarles y liberar la acumulación de personas". Los estadounidenses formados vieron que tenían esta opción fomentada por la tienda y prefieren quedarse en la cola porque en su cerebro la otra caja no les puede ayudar y seria romper una regla establecida; y como este ejemplo hay miles. Por lo que la creatividad del mexicano tiene sus recompensas en algunos casos, siempre y cuando no rompan las reglas.

Cuando un coche se descompone causa filas interminables. Si se está situado junto a un establecimiento comercial que tiene salidas y entradas por diversas calles aledañas a la conflictiva, se podría pensar que se puede tomar el atajo y descongestionar la calle. Muy pocos lo hacen de inmediato, en su mente esta decisión no es correcta, hasta que el tiempo apremia y terminan haciendo lo que no era el "deber ser".

Las patrullas y el exceso de velocidad

Es muy común ver a las patrullas deteniendo a personas que manejan con exceso de velocidad. La realidad es que a menos que pongas el *cruise control* es imposible mantener la misma velocidad constante.

En la calle de Creekside Forest iba rumbo a la calle de Gosling justo pasando la YMCA, que tiene como límite de velocidad 35 millas; en un pequeño acelerón yo iba a 42 millas sin darme cuenta y de frente la patrulla. Obvio se dio vuelta en u y activó la sirena –lo primero que pensé fue "oríllese a la orilla"—. Es muy importante mantenerte en el coche con las manos sobre el volante. Lo único que pensaba era que fuera el oficial Valle; rezando para que fuera él, se abre la puerta de la patrulla y afortunadamente era él, se acercó y me dijo:

Oficial: No puedo creer que seas tú.

Yo: ¿Pues a cuánto iba?

Oficial: A 42 millas.

Yo: Lo siento, aceleré sin querer.

Oficial: Por ser tu primera vez solamente te voy a dar una advertencia o *"warning"*.

Yo: Gracias, me voy a fijar más.

No hay día que pase por ese lugar en donde me detuvo que no cheque mi velocidad. El estrés que me causa saber que me pueden parar o cuando encienden la sirena es muy fuerte.

Existen muchos mitos sobre cuánto arriba del límite te permiten y no te multan. La realidad es que es totalmente subjetivo, depende del humor del oficial, del historial que traen en la computadora sobre tu coche y sobre todo la actitud que tengas.

Sé de muchas amigas a las que las han parado muchas veces y no las han multado porque tienen los mejores pretextos o porque se ponen a llorar por la angustia.

Yo conocía al oficial por las pláticas que habíamos organizado en conjunto sobre el alcohol y las drogas para hispanos, por esa razón quería que fuera él.

Yield

Este signo está en la glorieta de Creekside entrando por la calle de Gosling, la mayoría de los hispanos no tiene idea de que significa. Yield tiene el significado de desacelerar, dejar pasar, parar cuando es necesario, estar al pendiente de los vehículos que van a pasar, es un tipo de ALTO o *"STOP"* si vienen circulando coches dentro de la glorieta.

Debido a la ignorancia, ha estado a punto de haber muchos accidentes. Lo que sí hay constantemente es manoteos de los que van manejando dentro de la glorieta y ven que los que tienen Yield se la pasan por el arco del triunfo.

Licencia de manejo

Seguramente los que tienen casas de vacaciones son los que más a menudo cometen infracciones por ignorancia, ya que los que viven aquí tienen que tramitar la licencia de manejo y ésta requiere de un examen, ya sea virtual o en las oficinas del mismo, por lo que es necesario estudiar el manual. Dentro de los temas que incluye está la señalización de los diferentes letreros para el automovilista.

Además del examen escrito está el de práctica. En Spring se encuentra el centro para tramitar la licencia: es muy eficiente, cero burocrático y sistematizado, ya que hay otros más concurridos y no tan rápidos.

El día de la práctica se llega en el carro con los papeles, comprobando que se acreditó el examen más otros requisitos, y generalmente atienden afroamericanas con un tono de voz de regaño. Revisan el exterior del coche, las placas, las luces, las direccionales y se suben al coche.

Lo primero que piden es que se estacione el coche paralelamente en reversa y, dependiendo de la técnica y resultado, van anotando en un formato los aciertos y debilidades. Posteriormente te llevan a manejar aproximadamente 10 minutos y regresando dan el resultado.

Algunos mexicanos han tenido la osadía de llegar en un coche deportivo como un Lamborghini, y los regresan bajo el pretexto de que la placa estaba mal colocada. Para mí es muy sospechosa la actitud de las afroamericanas, porque mi opinión es que no les encanta que los mexicanos puedan comprar esos coches tan caros.

También si se maneja abajo del límite de velocidad pueden reprobar bajo el pretexto de que estás causando tráfico y no estás siguiendo al pie de la letra el límite de velocidad. Todo depende de la subjetividad de la afroamericana.

Nacida en México, "Críada" en Woodlands.

La mayoría de las familias hispanas que deciden irse a vivir a Woodlands no traen ayuda doméstica. Habrá algunas con suerte que en el paquete familiar la traen incluida con todo y su visa para poder trabajar.

Afortunadamente muchas vienen con la mentalidad de que van a ser prácticas, no se van a complicar, los niños las van a ayudar. Al puro estilo estadounidense.

Un día en Woodlands

Levantarse y todo depende del horario de la escuela. Existe la entrada a la escuela desde las 7:00 AM hasta 8:40 AM.

Entonces la mamá decidirá si se levanta a las 5:00 AM, 6:00 AM o 7:00 AM para levantarlos, prepararles el huevito, picar la fruta y si tienen mucha suerte exprimirles el jugo de naranja. ¡Y el *lunch*!

En mi caso personal mis hijos entran a las 8:40 AM a la primaria, por lo que los despierto a las 7:00 AM.

Y todo va de la mano con "apúrate. ya vístete, come más rápido, no te va a dar tiempo de lavarte los dientes".

Entonces existen dos posibilidades: que se vayan en camión, el cual pasa a la hora exacta, o que la mamá los lleve.

Si se van al camión, la mamá los acompaña hasta la parada, que puede estar tan cerca o tan lejos como lo decida el Distrito escolar. Entonces podrá regresar a lavar los trastes o meterlos en la lavadora automática. Acabado esto hay que ver si hicieron las camas, o dejarlas bien hechas, sin arrugas, como le decíamos a Juanita en el DF: "¡Perfectas!"

Si el camión no se los lleva, agarrar el coche y depositarlos antes de que les pongan retardo. Regresando, a terminar con las tareas.

Entonces decidir empezar a cocinar la comida o ir a hacer ejercicio.

Sacar las verduras para una crema, el pollo, porque tienen que estar bien nutridos. Entonces empieza la batalla de los trastes: salen y salen, se multiplican en minutos, a pesar de que se trata de dejar el mínimo de recipientes. Y ya que está la comida, esperar a que lleguen y si tienen suerte de que no esté el marido por ahí y les reclamen "¿Por qué te tardas tanto en hacer la crema de calabaza?" "Argggg, pues porque hay que cocer, licuar, sazonar y esperar".

Durante la cocción hay que barrer, trapear y sacudir por donde ve la suegra.

Si se tiene la fortuna de hacer ejercicio puedes ir a la YMCA, al Villa Sport, que es el más "nice", algún estudio de yoga como "Hot Yoga", salir a correr o andar en bici.

Regresan los niños a comer y a meter los platos a la lavadora de trastes y dependiendo de las actividades de la tarde pueden comer tranquilamente y hacer la tarea o a corretearlos para las actividades extraescolares.

Los niños salen de la primaria a las 3:40 PM. Yo prefiero meterlos a clases tempraneras porque es muy corta la tarde, considerando que los mando a dormir entre las 8:00 PM y las 8:30 PM.

Acostumbradas a tener dos muchachas, más el chofer y las que tienen casa con jardín hasta jardinero, comienzan haciendo todo como en México: rechinando de limpio, hasta que ya no aguantan la espalda, se cansan de cocinar y empiezan con cosas más sencillas pero siempre nutritivas. Un poco de polvo por ahí nadie se da cuenta; además que las casas en Estados Unidos están selladas, por lo que no se ensucian tanto.

Se olvidan de la planchada de la ropa pero lo que no falla es lavar, secar y guardar la ropa. Dependiendo de la edad de los niños la guardarán o no ordenadamente.

Los primeros meses las señoras dirán "ya me organicé y ya no me autocastigo por no tener la casa como tacita de té", pero cómo extrañan a Juanita o a su muchacha de planta:

"Y yo que le exigía que todo estuviera rechinando de limpio como una taza de té".

Literal me han comentado varias amigas: "No sabes cómo me arrepiento. Era tan dura con mi muchacha. Esto es pesadísimo".

Se empiezan a dejar los tacones por los *flip flops*, eso sí: de marca. Tory Burch, Michael Kors o de perdis Coach.

Chismes y leyendas urbanas de Woodlands

Desde que llegamos en 2010 varios amigos y conocidos de Tampico, Tamaulipas, nos comentaban indignados que un sujeto estaba viviendo en el Club de Golf Carlton Woods porque su suegro era el dueño de esa casa. Este señor fue encarcelado por supuestos nexos con el narcotráfico en 2009, por proporcionar información de las víctimas debido a que realizaba trabajos de construcción y obligaban a los contratistas, mediante secuestros y extorsiones, a entregarles sus empresas, formalizando los trámites ante diversas notarías.

Algunos de los tampiqueños aseguraban que tienen familiares cercanos que pueden constatar el involucramiento de este individuo en los delitos que le imputan. Lo que los tenía preocupados es que la mayoría se fue de Tampico por la inseguridad, y el encontrarse a una persona con estos nexos en donde según ellos están más seguros los hacía pensar que étanto había valido la pena el migrar y si no iba a dar el "pitazo" a otros delincuentes de quiénes estaban en The

Woodlands. La mayoría llegó a la conclusión que las leyes en Estados Unidos sí se cumplen, y seguramente las autoridades lo deben tener monitoreado por sus antecedentes penales en México.

Algunos tamaulipecos de la alta sociedad están enojados porque uno que otro tampiqueño ha tenido la osadía de irse a jugar golf con el susodicho sabiendo de primera mano lo que hizo y que gracias a individuos como este señor tuvieron que dejar casas, negocios, familia, la vida entera, para que este señor este gozando de la vida.

Fraudes en The Woodlands

El más sonado de los fraudes fue el que supuestamente se cometió en 2014 a los socios de una cadena de restaurantes popular en Dallas.

El que se encargó de arrancar el negocio es un señor con características de un hombre encantador, inteligente, ameno, con muy buen sentido del humor y extremadamente carismático.

Juntó a varios amigos y conocidos y les propuso abrir la franquicia de un restaurante de comida fusión latina. El señor personalmente visitó al creador de esta franquicia.

Cuando se abrió el restaurante fue un éxito rotundo. El restaurante siempre estaba lleno de estadounidenses, sobre todo de adultos jóvenes, y se convirtió en el lugar de moda. Los mexicanos admiraban al creador intelectual, finalmente un mexicano le da al clavo con un negocio en el mercado estadounidense.

Después del descubrimiento del fraude se dan cuenta de que no era la primera vez que este señor realizaba un fraude. Lo irónico de esta situación es que pudo haber ganado mucho dinero si se hubiera apegado a la legalidad, a la honestidad y a la rendición de cuentas. Todo iba perfecto hasta que empezó a hacer hoyos tapando otros hoyos y se le salió de control. Traicionó a compadres, amigos y sobre todo le arruinó y le cambió la vida y reputación a su familia.

La moraleja es no hacer negocios con personas que no hayan sido investigadas a profundidad. Los personajes carismáticos que son como encantadores de serpientes siempre podrán impresionar a las demás personas pero la historia que dejan en sus lugares de origen no se podrá borrar.

El Sheriff Abraham Valle ha sido una gran ayuda a esta comunidad hispana en muchos aspectos y una de las tareas que tienen es investigar a varios de los hispanos que llegan a vivir a The Woodlands.

¿Cómo? *"They follow the money"*. Siguen el dinero para ver de dónde viene y hacia dónde va, porque si es ilegal se lo queda la Comisaría y lo utilizan en mayor equipamiento y tecnología.

Desunión entre la comunidad

Mi esposo formó un grupo en Facebook llamado Club Hispano, para que la comunidad pudiera informarse de eventos o productos que quisieran promover y compartir.

La señora C vendía y entregaba comida deliciosa. Ponía su menú diario para el siguiente día. Un individuo le mandó a David el siguiente mensaje vía *inbox*:

Individuo: Oye te platico el menú de mañana.... Uta que hueva ver esos post todos los días la vida. Los tuyos han sido muy buenos últimamente. Deberías de comentarle algo tú como administrador de la página, que aporte información importante. Imagínate si yo me pongo a actualizar mi inventario de autos a diario. Que se construya su propia página, ¿no crees? Un abrazo

David: Mi estimado, acuérdate que este es un espacio para que la gente promueva sus ideas, negocios y eventos. Esta persona de eso vive.....y además me encantaría que pusieras tus inventarios de coches. Nunca sabes quién puede estar leyendo los postings.... ¿por qué no metes más gente? The more the better!!!

Individuo: Que hueva, creo no vemos igual la importancia de una red social. Todos vivimos de lo que hacemos, sin embargo se debe ser prudente en los postings. Si todos publicaran a diario sus ofertas o productos, se perdería entre tanta información, lo que es verderamente valioso para la mayoría, finalmente ¿cuál es el propósito del club en realidad para ti? A costas de lo que la gente quiera publicar sin importar la información pero que crezca el club? O calidad en la información para que la gente permanezca en el club y lea los postings a diario de las actividades o cuidados a tomar en cuenta? De tu contestación depende si conservas un miembro o lo pierdes. Saludos.

David: Ah caray, no sabía que así eran las cosas......tu decídelo....nadie te obliga a nada....suerte con tu negocio....

Individuo: No lo tomes personal. No estoy diciendo como son las cosas, por eso te pregunte y no me contestaste. También te deseo lo mejor.

En el contexto de que la señora C realizaba diariamente entrega de comidas deliciosas a domicilio era una gran ayuda para las familias de toda la comunidad. Si por alguna razón no alcanzaba el tiempo para cocinar, no se tiene el gusto por esta actividad, o simplemente por querer probar los deliciosos alimentos de la Sra. C, era como un milagro poder consumir comida de primer nivel.

Siempre se podrán ver las cosas de dos maneras: positiva o negativamente. El individuo eligió la segunda y decidió salirse del grupo. ¿Alguien lo extrañó? Por supuesto que no. Lo triste es ver que en lugar de unirse y apoyarse se da la espalda por tonterías. Increíble que David por querer ayudar se ganó una enemistad por una cosa insignificante.

Un ejemplo a seguir sería la comunidad judía que se apoya continuamente.

Algunos individuos que llegan a vivir a The Woodlands tienen periodicazos de delitos en México y aquí se encuentran como si nada pasara y algunos personajes los tratan como reyes. ¿Cuál es el beneficio de llevarse con gente que tiene más dinero?

No les van a pagar por ser sus "amigos" ¿Entonces cuál es el beneficio? Las conexiones o relaciones para futuros negocios y los beneficios de tener acceso a un avión privado, vacaciones esquiando en el departamento de Vail, fiestas en Las Vegas o Miami, sentirse que pertenecen a un grupo con alguien importante aun cuando la reputación de esa persona esté en el suelo. Obvio los individuos de "cuello blanco" están felices de tener a gente alabándolos en otro país que no es el suyo.

Puedo afirmar que la mayoría de los mexicanos que vienen a vivir a The Woodlands son personas honradas que generan sus ingresos por la vía legal en México. Aunque como en todas las cosas, nunca falta el frijol en el arroz y por uno salen perdiendo todos.

En una cena, un estadounidense indignado dijo que no era posible que los mexicanos llegaran, compraran casas y no se les viera trabajando de sol a sol; por lo que intuía que se estaba llenando de narcotraficantes, ya que él se la pasaba trabajando y apenas podía pagar la hipoteca de una casa pequeña. En dicha cena se encontraban varios mexicanos que al escuchar su comentario se le fueron a la yugular y le explicaron que la mayoría tiene negocios exitosos en México y se pueden dar el lujo de comprar casas en The Woodlands, que no se puede generalizar: es como decir que todos los rusos son mafiosos o todos los afroamericanos son delincuentes y resulta que la esposa del americano es de origen ruso.

9. Epílogo por Darío Moreno C.

La configuración del mundo moderno, globalizado, tiene su arquetipo en Estados Unidos: un país relativamente joven cuya identidad, desde su formación, se va nutriendo de la inmigración y del multiculturalismo todos los días y a ritmos muy diferentes. Esta sociedad, que cada vez es más compleja y heterogénea, se busca, se enfrenta y se reconoce en este fenómeno constantemente, de tal manera que escoger a este país como un segundo o nuevo hogar, adoptando incluso, eventualmente su nacionalidad, es a la vez lógico y complicado.

La situación política y social de México, en una dolorosa paradoja, obliga y a la vez permite que cada vez más familias se vayan de su país natal, dejen su trabajo, a su familia extendida y a sus amigos para buscar en Estados Unidos una seguridad y un bienestar que en México no existen, ni siquiera para las clases más estables, en las cuales el hecho de tener grandes capacidades económicas o políticas no solamente resulta inútil para contrarrestar las condiciones de inseguridad que afectan a todos pero en diferentes formas, sino que incluso propicia una situación de vulnerabilidad y miedo insostenible.

En The Woodlands se vive un bienestar y una tranquilidad que van mucho más allá de lo bonito y ordenado de un casi utópico paraíso urbano en medio del bosque, con la accesibilidad, la infraestructura y los beneficios de una comunidad que, para esto, tiene sus propias jerarquías y sus propios cánones sociales.

A diferencia de en México, en esta "burbuja" la autoridad no la tiene el que puede pagarla sino el que ha sido conferido con ella: desde el departamento vehicular hasta la policía y los jueces; la apariencia es importante, pero lo es más la proactividad; tener dinero es útil y se respeta, pero hacer dinero, saber hacer negocios, se admira; una casa no es mejor por ser más grande o lujosa, sino por lo cuidada que esté, y la misma configuración social no permite servilismos, ni los necesita ni los quiere; saberse integrar a la comunidad escolar o vecinal e involucrarse con otros sectores tiene más relevancia que la presencia protagónica en la vida social de los centros nocturnos.

Aunque Estados Unidos es nuestro vecino más importante, la mayoría de las características de esta sociedad, de por sí variopinta, puede parecer en principio un obstáculo para la integración de una familia mexicana en Texas; sin embargo, observando y reconociendo que, así como hay deficiencias enormes en el gobierno y la sociedad mexicanos, existen comodidades y plusvalías en nuestro país que en Estados Unidos el dinero sencillamente no puede pagar, conviene conocer y dominar las alternativas que ofrece The Woodlands: el complicado sistema de salud de Estados Unidos en México es simple, cómodo y de alta calidad, por ejemplo; hay que identificar las sutilezas de un sistema educativo público totalmente ajeno al nuestro; hay que adaptarse a un ritmo de vida social casi contrario al que nos caracteriza.

Que este libro haya servido como una guía o manual para acercarse a una sociedad que se conformó y que se transforma continuamente con la inmigración, el sincretismo y la convivencia cotidiana de gente que, como los mexicanos, han aportado y aportan enérgicamente —como visitantes, residentes o incluso como ciudadanos— a la construcción de un país que el día de hoy enfrenta uno de sus retos más grandes y críticos: el poder conservar su arraigado sentido de identidad y patriotismo conciliándolo con la aceptación y el entendimiento de las diferencias y similitudes que tiene con los otros. Para las familias mexicanas que buscan una nueva vida en este otro país, el reto es exactamente el mismo.

Sobre la autora

Perla Soto nació en la Ciudad de México y se graduó como Contador Público del Instituto Tecnológico Autónomo de México (ITAM) en 1996. Trabajó en Citibank, en la Tesorería del banco, por 7 años, antes de emprender su propio negocio de estimulación temprana para niños de 0 a 3 años de edad.

En el año 2010 decide mudarse a The Woodlands, Texas junto con su esposo y dos hijos. Encuentra un nicho en la parte de Educación, organizando cursos, talleres y conferencias con autores y conferencistas hispanos para niños, adolescentes y adultos. Organiza pláticas gratuitas de orientación en temas de interés familiar con la finalidad de brindar información y educación para la mejor alimentación, salud e integración a esta nueva cultura. Junto con las autoridades correspondientes los temas que se han tocado son la seguridad, alcohol, drogas, sexting, entre varios asuntos de interés, brindándoles las reglas y consecuencias tanto a adolescentes como a adultos. En la página www.pearlevents.us se encuentran todos los eventos pasados que ha organizado y que se presentarán próximamente.

En su búsqueda de Educación continua se ha preparado para obtener certificaciones y diplomas en distintas terapias como Thetahealing, "The Bars" from Access Consciousness y Tres Diamantes, Sanación Energética con Toque Cuántico, entre varias.

Desde el 2013 ha escrito artículos en la revista Viva! The Woodlands Magazine.

En Houston, Texas fue galardonada con el premio a La Mujer del año en Educación en el Tributo a la Mujer Hispana 2014.

Actualmente se encuentra cursando la carrera de Naturopatía, que es la ciencia que estudia las propiedades y las aplicaciones de los agentes naturales con el objetivo de mantener y recuperar la salud e incluye entre sus materias la homeopatía, nutrición, anatomía, iridiología y herbolaria, además de técnicas como el biomagnetismo, Aurículo terapia, entre otras.

Perteneció a la Asociación Amiga, como parte de su junta directiva, cuya misión es ser punto de encuentro entre las mujeres migrantes latinas y la comunidad que hoy es nuestro hogar.

Su misión es impulsar la capacidad del ser humano, buscando el fortalecimiento integral de la familia encontrando el desarrollo personal en cada proyecto de vida.

E-mail: perlasotogarcia@gmail.com

Anexos

Anexo Escuelas privadas

Brighton Academy	10400 Gosling Rd	(281) 465-4111
Caring Hearts of Faith	25925 Budde Rd.	(281) 419 7748
Children of Joy	7550 Crownridge Dr	(936) 271-0893
Children of the Woodlands	2200 Lake Woodlands Dr	(281) 297-5959
Children's Courtyard Child Care Center	8401 Kuykendahl Rd	(281) 298-3715
Childtime Learning Centers	417 Sawdust	
Christ Church United Methodist Preschool & Climbing Tree	6363 Research Forest Drive	(936) 273-9400
Christ Community School	1488 Wellman Rd	(936) 321-6300
Community Kids/Community Baptist Church	8909 Cochran's Crossing	(936) 271-4544
Covenant Christian School	4503 IH 45 North	(936) 890 8080
Creekwood Cottage	25823 Gosling RD.	
Cunae International School	25823 Gosling Road	(281) 516-3770
Dixie Jo Cassidy GDC	2 Morning Glory Ln	(281) 367-8476

Early Learning Program Pre-School	4881 W Panther Creek Dr	(281) 298-2464
Esprit International School	4890 W Panther Crk Dr	(281) 298-9200
First Baptist Child Development	11801 Grogans Mill Rd	(281) 367-8199
First Baptist Child Development	11801 Grogans Mill Rd	(281) 367-8199
Forest Crossing Kindercare	9005 Forest Crossing Drive	(281) 296-2966
God´s Kids Preschool	1201 N. Millbend Drive	
Good Shepherd Learning Center	9191 Cochran´s Crossing Drive	(936) 273 2080
Great Oak School	715 E. Carrell Street	(832) 928-7848
Greystone House Montessori	1000 Evergreen Circle	(281) 298-2444
Interfaith Child Development Center	5630 Rush Haven Drive	(281) 292-3617
Kangaroo Forest Early Childhood Center	7303 S Forest Gate Dr	(281) 465-4069
Kids Castle	475 W Panther Crk	(281) 364-1304

Kids of Grace Preschool/ Grace Presbyterian Church	8989 Woodlands Parkway	(281) 296-0911
Kids of the Kingdom	3801 S. Panther Creek Dr.	(281) 298-9901
Legacy Preparatory Christian Academy	5148 FM 1488	
Light Way School	5125 Shadowbend Place	(281) 630-6055
Little Gospel Light	9500 N Panther Creek Dr	(281) 363-2628
Little Saints	7801 Bay Branch Drive	(281) 296-2800
Living Word Lutheran School	9500 N. Panther Creek Drive	(281) 363 26 28
Montessori Villa	2310 Golden Road	
Oak Ridge Christian Academy	27420 Robinson Road	(281) 298-5800
Paddington School	2010 Sawdust Rd	(281) 292-0654
Pcal Christian School	P.O. Box 8174	(936) 273-4082
Play Time for kids	9595 Six Pines Drive Suite 1480	(281) 465 8080
Primrose School of the Woodlands at College Park	6403 College Park Dr	(936) 321-5900

Primrose School of the Woodlands at Sterling Ridge	6909 Lake Woodlands Dr	(281) 681-3500
Son Kids Pre-School	5505 Research Forest Dr	(936) 442-6521
South Montgomery YMCA	6145 Shadowbend Pl	(281) 367-9622
Spanish Schoolhouse	3333 S. Panther Creek Drive	(281) 292-6116
St. Anthony of Padua School	7901 Bay Branch Dr	(281) 296-0300
Stepping Stones	10601 Falconwing Dr	(281) 298-5838
Stepping Stones Child Care	10601 Falconwing Dr.	(281) 298-5838
Stepping Stones Child Care	11900 Cranebrook Dr.	(281) 292-8783
Stepping Stones Family Resource	11900 Cranebrook Dr	(281) 292-8783
Teach A Tot	2280 Buckthorne Pl	(281) 367-3232
The Children's Courtyard	10505 Six Pines Dr	(281) 367-1334
The Goddard School	8522 Princeton Pl. Drive	(281) 516 2111

The John Cooper School	1 John Cooper Dr	(281) 367-0900
The Woodlands Academy Preparatory School	27440 Kuykendahl	(281) 288 7370
The Woodlands Academy Young Learners	1500 Woodstead Ct.	(832) 257 35 63
The Woodlands Christian academy	5800 Academy Way	
The Woodlands Montessori	1201 Many Pines Rd	(281) 363-9600
The Woodlands School for Young	25162 Grogans Park Dr	(281) 292-3690
Timber Ridge Pre-School	7575 Alden Bridge Dr	(936) 273-6330
Trinity Episcopal Day School	3901 S. Panther Creek Dr.	(281) 367-5148
Woodlands KinderCare	7253 E Capstone Circle	(936) 321-1330
YMCA Child Development Center	6145 Shadowbend Place	(281) 367-9622

Anexo Restaurantes

1252 Tapas Bar	9595 Six Pines Dr	(281) 419-1260
Alamo Joe's	4747 Research Forest Drive, Suite 475,	(281) 367-7382
America's Restaurant	21 Waterway Avenue	(281) 367-1492
Amerigo's Grille	25250 Grogan's Park Drive	(281) 362-0808
Bar Louie	24 Waterway Ave	(281) 719-1900
Black Walnut Café	9000 New Trails Dr	(281) 362-1678
Bonefish Grill	1555 Lake Woodlands Dr	(281) 419-5055
BRIO	1201 Lake Woodlands Drive, Suite 303,	(281) 465-8993
Brooklyn Cafe - Pather Creek	4775 W Panther Creek Dr	(281) 298-7488
Buca di Beppo	19075 I-45 North,	(936) 321-6262
Buffalo Wild Wings	2948 I-45 North,	(936) 760-9995
Cafe di Fiore	10110 Woodlands Pkwy	(281) 298-1228
California Pizza Kitchen	1900 Hughes Landing Blvd #200	(832) 791-4900
Chili's	6671 Woodlands Pkwy	(281) 419-2529

CJ's Grill and Gourmet Junk Food	399 Sawdust Rd.,	(281) 362-0362
Crabby Daddy	25186 I-45 North,	(281) 296-2722
Crescent Moon Wine Bar	440 Rayford Road, Suite 115a	(281) 364-9463
CRÚ Food & Wine Bar	9595 Six Pines Dr #650	(281) 465-9463
Crush Wine Lounge	20 Waterway Ave, Ste 200	(281) 362-7874
Crust Pizza Co. Alden Bridge	8000 Research Forest Dr #340	(832) 585-0999
Crust Pizza Co. Creekside	26400 Kuykendahl Suite A120	(281) 516-7707
Crust Pizza Co. Panther Creek	4775 W. Panther Creek Drive Suite 530	(281) 298-8844
Cyclone Anaya's Mexican Kitchen	20 Waterway Ave #120	(281) 419-5771
Del Frisco's Grille	1900 Hughes Landing Blvd #500	(281) 465-0300
Denny's	28669 I-45 North,	(281) 367-5140
Dimassi's Mediterranean Buffet	1640 Lake Woodlands Dr.,	(281) 363-0200
Donelly's Pizza	2021 Rayford Rd., # 120,	(832) 585-0500

Double Dave's Pizza-works	6777 Woodlands Pkwy.,	(281) 419-3283
DrinkabiliTea Café	3335 College Park Dr. S400	(936) 231-8989
Escalante's Mexican	1900 Hughes Landing Blvd #100	(281) 292-7800
Fielding's Local Kitchen	26400 Kuykendahl Rd	(281) 351-2225
Fish and Camaron	9950 Woodlands Pkwy #450	(713) 389-5363
Fleming's Prime Steakhouse	1201 Lake Woodlands Drive	(281) 362-0103
Fogo de Chao	1900 Hughes Landing Blvd	(281) 298-4200
Fuddruckers	2290 Buckthorne Place,	(281) 367-1343
Genghis Grill - The Mongolian Stir Fry	9300 Six Pines Drive, Suite 100,	(281) 363-4745
Golden Corral	2101 W. Davis.,	(936) 539-9333
Grimaldi's Pizzeria	20 Waterway Avenue	(281) 465-3500
Grub Burger Bar	2417 Research Forest Dr	(281) 907-9001
Guri do Sul Steak-house	1400 Research Forest Dr.,	(281) 907-4146

Hubbel & Hudson Bistro	24 Waterway Ave #125	(281) 203-5641
Hubbel & Hudson Kitchen	4526 Research Forest Dr	(281) 203-5650
IHOP - International House of Pancakes	25619 I-45	(281) 367-6626
James Coney Island	521 Sawdust Rd.,	(281) 298-1556
Jasper's Restaurant	9595 Six Pines Drive, The	(281) 298-6600
Kirby's Steakhouse	1111 Timberloch Place	(281) 362-1121
Kona Grill	3 Waterway Square Pl Suite 100	(281) 466-4061
La Bikina	4223 Research Forest Dr #100	(281) 419-1985
La Madeleine	9595 Six Pines Drive, Suite 100	(281) 419-5826
La Trattoria Tuscano	4223 Research Forest	(281) 419-2252
Lama Mediterranean Café	1620 Research Forest Dr #100	(281) 292-5262
Landry's Seafood	1212 Lake Robbins Dr	(281) 362-9696
Levure Bakery and Patisserie	26400 Kuykendahl Rd a160	(832) 403-2131

Local Pour	1900 Hughes Landing Blvd #350	(281) 419-7687
Los Cucos Mexican Cafe	4775 West Panther Creek Drive, Suite 200,	(281) 296-2303
Lupe Tortilla	19437 I-45,	(281) 298-5274
McAlister's Deli	3335 College Park Drive, Ste. 100,	(936) 271-1888
Mi Cocina	1201 Lake Woodlands Dr	(281) 298-6426
Morton's Grille	25 Waterway Ave	(832) 585-0794
Nick's Fish Dive & Oyster Bar	20 Waterway Ave #105	(281) 419-8885
Olive Garden	26715 Interstate 45 N	(281) 363-1288
Olive Oil	373 Sawdust Rd	(281) 367-0114
Pallotta's Italian Grill	27606 I-45 North	(281) 364-9555
Pappadeaux's Seafood	18165 I-45 South	(936) 321-4200
Perry's Steakhouse & Grille	6700 Woodlands Pkwy	(281) 362-0569
PF Changs Culver's	1201 Lake Woodlands Dr	(281) 203-6350
Potbelly Sandwich	9595 Six Pines Dr #930	(281) 292-6652

PURE Smart Foods	4223 Research Forest Drive	(281) 419-3200
Red Lobster	18446 Interstate 45	(936) 271-2700
Rico's Hacienda and Grill	8000 Research Forest Drive	(281) 528-4018
Robard's Steakhouse	2301 N Millbend Dr	(281) 364-6400
Russo's New York Pizzeria	3335 College Park Dr #300	(936) 273-6060
Saltgrass Steakhouse	19533 I-45	(281) 298-7527
Sarku Japan	1201 Lake Woodlands Drive, Space #2152,	(281) 292-0868
Schilleci's New Orleans Kitchen	9595 Six Pines Drive, #1120	(281) 419-4242
Shogun Japanese Grill and Sushi	9420 College Park Drive, #195,	(936) 273-0023
Skeeter's Mesquite Grill	4747 Research Forest Drive, Suite 420,	(281) 364-1094
Sweet Tomatoes	1717 Lake Woodlands Drive,	(281) 292-0556
The Cheesecake Factory	1201 Lake Woodlands Drive	(281) 419-3400
The Egg and I	1620 Research Forest Dr #100	(281) 419-8333

The G's Healthy Gourmet	8000 Research Forest Drive	(281) 419-7787
The Republic Grille	4775 W Panther Creek Dr #490	(281) 719-5895
The Woodlands Resort	2301 N Millbend Dr	(281) 367-1100
Tommy Bahama's Tropical Café	9595 Six Pines Drive, Suite 700,	(281) 292-8669
Truluck's The Woodlands	1900 Hughes Landing Blvd #600	(281) 465-7000
Uni Sushi	9595 Six Pines Dr #860	(281) 298-7177
Via Emilia Italian Restaurant	10700 Kuykendahl Rd	(281) 465-9555
Willie's Grill & Ice House	16846 I-45 North,	(936) 321-0065
Yucatan Taco Stand	24 Waterway Ave, Suite 160	(281) 419-6300

Anexo de actividades extraescolares

Alodia Sports Academy	22601 Lutheran Church Road,	(281) 255-2552
ATA	27626 I-45 North	(281) 465-1711
Boesen Violin and Viola Instruction and Performance	26203 Oak Ridge Drive,	(281) 298-9994
Boni's Dance and Performing Arts Studio	9102 Forest Crossing Drive	(281) 298-2960
Champions Roller World	5504 Fellowship Lane,	(281) 370-0750
Chun Kuk Do Karate of The Woodlands	9102 Forest Crossing Drive	(281) 362-0066
Class Act Productions	25275 Budde Road, Suite 25	(281) 292-6779
Club Z In-Home Tutoring and Music Services		(281) 655-4640
Dancin' Bluebonnets	25020 Oakhurst	(281) 298-5753
Earth Scouts	5655 Creekside Forest Drive,	(281) 516-3770
Elite Mixed Martial Arts	606 Rayford Road #A,	(281) 298-3662

Fins the art of swim	3707 College Park Drive	(281) 379-3467
First Models and Talent Agency	9320 Lakeside Blvd #200	(281) 363-8146
FLIPS	27320 Robinson Rd.	(281) 292-4407
GOLF by TGA of North Houston		(713) 818-1679
Guitar Arts Studio	17511 Deer Creek Drive	(281) 320-9656
Gymboree Play and Music	3091 College Park Drive Suite 272,	(936) 271-2444
GYMNASTICS	20100B Holzwarth Rd. -	(281) 528-6050
Hobby Lobby	501 Sawdust Road,	(281) 292-2382
In Step Dance	449 Sawdust Road	(281) 298-7837
Japanese Karate Academy	22820 I-45 N. Bldg. 4-M,	(832) 640-5292
Jim Sutton Institute of Guitar	23014 Quail Shute,	(281) 350-0406
JW Tumbles	6777 Woodlands Pkwy. Suite 208	(281) 298-7755
Karate For Kids And Ata Leadership Academy	4747 Research Forest Dr	(281) 465-1711

Karate Of The Woodlands Inc	9102 Forest Xing	(281) 362-0066
Kenpo Karate Dojo	257701 I-45, Suite 106	(281) 898-8614
Kindermusik Academy	3901 S. Panther Creek Drive	(281) 419-1212
Kindermusik of the Woodlands	25218 Grogan's Park Drive	(281) 367-0545
Kuk Sool Won	32215 Tamina Rd.	(281) 259-6333
Kuk Sool Won	566 Sawdust Rd.	(713) 937-7885
KUMON Woodlands	5125 SHADOWBEND PLACE	(281) 353-6925
KUMON North Spring	4915 FM 2920, SUITE #145	(281) 376-4584
KUMON South Woodlands	574 SAWDUST ROAD	(281) 419-4434
Landes Music	1018 Sawdust Rd. #4,	(281) 364-9707
LZ Guitar Lessons	16902 Canary St.,	(936) 271-0846
Master Cho's Tae Kwon Do	27326 Robinson Road	(281)367-0101

Mathnasium of The Woodlands	4775 W Panther Creek Dr #410	(281) 465-4990
Maximum Athletic Center	30420 FM 2978 Suite 200	(281) 419-3547
Miller's Black Belt Academy	3600 FM 1488 Suite 200,	(936) 321-8844
Mitchell Music Studio	66 Laughing Brook Ct,	(713) 823-0793
Mr. Elario's Guitar Studio	2010 Longstraw Place,	(281) 362-7831
Music and Arts Center	190751 I-45 S., Suite 111H	(936) 273-3602
MY GYM Childrens Fitness Center	8000 McBeth Way Suite 150	(281) 298-4141
Nelson School of Music	P.O. Box 130023,	(936) 271-3311
Next Level Acting Studios	307-C Sawdust Road,	(936) 321-2565
Painting With a Twist	570 Sawdust Road,	(281) 465-4995
Pro Music Instruction	337 Sawdust Road,	(713) 557-3732
Sea Sports Swim	25701 I-45 N.,	(281) 367-6664
Simply Tutoring	594 Sawdust Rd. #330	(281) 362-7878

Sk8town	846 Rayford Road,	(281) 292-2626
SOHK Judo, Aikido & Kenpo Karate Dojo	25770 Interstate 45, Suite 106	(281) 292-1882
Spring School of Music at Lionheart Academie	3315 Spring Cypress Road,	(281) 355-5335
Swim with Sherri	19417 Haude Road,	(281) 355-1220
Tekno Games	8000 Research Forest Drive,	(281) 292-9422
The Karate School	8000 Research Forest Suite 165	(281) 292-0225
The Little Gym of The Woodlands	17947 I-45, Suite 202	(936) 321-2828
The Music Rack	17934 Kuykendahl Road,	(281) 353-8727
The Woodlands Dance Center	26019 I-45 North, Ste 100	(281) 296-9988
The Woodlands Studio	3600 FM 1488 , Suite 230	(281) 681-8323
THE WOODLANDS TAE KWON DO ACADEMY	127-C Sawdust Road	(281) 367-8835
The Woodlands Township Parks and Recreation Department	8203 Millennium Forest Drive	(281) 210-3900

The Woodlans Aikido Center	387 Sawdust Road, Suite D	(281) 681-0681
The Woodlans Aikido Center	1045 Pruitt Rd.	(832) 592 3781
United Studios Of Self Defense	4775 W Panther Creek Dr	(281) 465-4411
VILLA SPORT	4141 Technology Forest Blvd.,	(832) 585-0822
Wes Arvin Music Instruction	69 Wind Whisper Court,	(904) 699-6779
Woodlands Elite Cheer company	1067 Pruitt Road	(281) 681-1253
YMCA	6145 Shadowbend Place	(281) 367-9622

Anexo de actividades recreativas para niños

7 Acre Wood Parties	4401 N. Frazier St	(936) 890-2326
A Better Party	8419 Ginger Drive	(281) 351-0038
Children´s Museum of the Woodlands	4775 W. Panther Creek Drive	(281) 465-0955
Chucke cheese	16790 Interstate 45	(936) 271-1550
Cinemark Marketstreet	9595 Six Pines Dr. 8200	(281) 419-9639
Cinemark Spring-Klein	21440 Kuykendahl Rd	(281) 288-2894
Cinemark Tinseltown	1600 Lake Robbins	(281) 362-4340
IFLY	26860 N. I-45	(281) 942-4359
Pony Ride		(281) 356-4914
Pump it up	536 Sawdust Road	(281) 465-4747
Shankz Black Light Miniature Golf	College Park Plaza, 3091 College Park Drive,	(936) 273-4569
Sky High Party Rentals		(281) 606-5867
Sky Zone	605 Spring Hill Dr	(832) 246-5300

Sweet and Sassy	17943 I-45 #216, Shenandoah	(281) 292-9090
Sweety Pies Petting Zoo		(281) 455-9557

DISCLAIMER

This book is designed to provide information on (fill in your subject here Ex: dating, business, food, etc.) only. This information is provided and sold with the knowledge that the publisher and author do not offer any legal or medical advice. In the case of a need for any such expertise consult with the appropriate professional. This book does not contain all information available on the subject. This book has not been created to be specific to any individual people or organizations' situation or needs. Reasonable efforts have been made to make this book as accurate as possible. However, there may be typographical and or content errors. Therefore, this book should serve only as a general guide and not as the ultimate source of subject information. This book contains information that might be dated or erroneous and is intended only to educate and entertain. The author and publisher shall have no liability or responsibility to any person or entity regarding any loss or damage incurred, or alleged to have incurred, directly or indirectly, by the information contained in this book or as a result of anyone acting or failing to act upon the information in this book. You hereby agree never to sue and to hold the author and publisher harmless from any and all claims arising out of the information contained in this book. You hereby agree to be bound by this disclaimer, covenant not to sue and release. You may return this book within the guarantee time period for a full refund. In the interest of full disclosure, this book contains affiliate links that might pay the author or publisher a commission upon any purchase from the company. While the author and publisher take no responsibility for any virus or technical issues that could be caused by such kinks, the business practices of these companies and or the performance of any product or service, the author or publisher has used the product or service and makes a recommendation in good faith based on that experience.

All characters appearing in this work are fictitious. Any resemblance to real persons, living or dead is purely coincidental.

Bibliografía

http://mexico.cnn.com/mundo/2013/01/14/los-migrantes-fresas-huyen-de-la-violencia-y-se-establecen-en-texas

http://www.houstonchronicle.com/business/real-estate/article/The-Exxon-Mobil-effect-5197565.php

http://censusviewer.com/city/TX/The%20Woodlands

https://www.thewoodlandstownship-tx.gov/DocumentCenter/Home/View/667

http://www.focustexasmag.com/evolucion-de-la-industria-de-la-energia-en-houston/

http://www.fastweb.com/college-scholarships/articles/becas-para-estudiantes-hispanos-y-latinos

http://www.meencanta.com/hacer/index.html

https://gobierno.usa.gov/ayuda-financiera-para-estudiantes

https://studentaid.ed.gov/sa/es/types

http://www.elcentrodelaraza.com/documents/ScholarshipResources.pdf

http://lavoz.bard.edu/articles/index.php?id=11540

http://adolescentes.about.com/od/Universidad/a/Becas-Para-Estudiantes-Hispanos.htm

http://grantspace.org/tools/knowledge-base/Preguntas-y-respuestas-en-espanol/Apoyo-a-particulares/becas-para-estudiantes-internacionales-scholarships-international-students

https://www.justlanded.com/english/United-States/USA-Guide/Education/Elementary-and-Secondary-Education

http://www.scuc.txed.net/webpages/awetz/index.cfm?subpage=26523

http://www.mcisd.net/ourpages/auto/2013/7/3/50170289/Advanced%20Placement.pdf

http://tea.texas.gov/Curriculum_and_Instructional_Programs/Special_Student_Populations/Gifted_and_Talented_Education/Gifted_Talented_Education/

http://www.naet-mexico.com/naet.html

https://www.census.gov/prod/cen2010/briefs/c2010br-04sp.pdf

https://www.saberdealcohol.mx/content/consumo-de-alcohol-en-la-adolescencia

http://adolescentes.about.com/od/drogas/a/C-Omo-Afecta-El-Alcohol-A-Los-Adolescentes.htm

http://elpais.com/diario/2007/02/20/salud/1171926001_850215.html